英文法嫌いの生徒が
みるみる変わる！

平井校長の
英語の仕組み
探究講座

神戸山手女子中学校高等学校校長・関西国際大学客員教授

平井正朗 著

HIRAI Masaaki

三省堂

　2020 年 3 月、新型コロナウイルス感染症拡大の影響を受け、学校が一斉休校となり、生徒たちは家庭学習をしなければならなくなりました。どの学校でもオンラインによる双方向型の授業が進められたことは言うまでもありません。

　そのような中、多くの関係者から連絡をいただきました。ICT を活用した個別最適化学習（アダプティブ・ラーニング）が進められる中、英語教育で言えば、生徒たちに文法と読解をしっかり学ばせ、英語の仕組みを根本から理解させたい。そして、できる限り多くの音声に触れ、正しい言葉使いができるようにさせたい…。その第一歩として、英語の仕組みについて読み応えのある本を書いてほしいと…。

　なんで私が…？　類書はたくさんあるじゃないの！　これが率直な感想でした。この 10 年、管理職に専念し、英語教育の世界から離れているだけに、足踏みしていました。しかし、コロナ禍における長期休校中、教育活動が止まり、生徒たちは…。言葉につまってしまいます。子供たちのために何かできることはないかと自問自答の日々でした。そのような折、上述のようなご連絡をいただきました。

　そこで、個別最適化学習を視座に、英語教育に携わる方々から生徒に確実に定着させたい、または説明しにくいと思われている分野をヒアリングし、内容を厳選した上

で、対話形式で解説することにしました。実際に中学生や高校生、大学生から直接受けた質問も多々あります。一般の参考書には載っていないような難しい項目も盛り込みました。いずれにせよ、文法を根底から理解していただき、場面に即した表現につなげることを心がけました。

　校長として、日頃、現場の先生方にお願いすることと言えば、「生徒がなるべく英語でコミュニケーションできる環境をつくり、使える英語と大学受験に通用する英語の育成をしてほしい」ということくらいです。その意味で、この本はその土台づくりに徹したつもりです。

　以前と同じような日常生活が戻るとは考えにくく、これまで当然とされていた仕組みやルールが見直され、ニューノーマル（新常態）が求められています。予測不可能な時代をたくましく生き抜く生徒を育成すべく、大人はティーチャーとファシリテーターを兼ねならなければなりません。やるべきことは山積していますが、できることから始めていこうと思います。では、Please open your page at ...

神戸山手女子中学校高等学校　校長

関西国際大学　客員教授

平井正朗

Lesson

Lesson 1 ▶ 自動詞と他動詞

ここが
ポイント
！

　　英語の自動詞と他動詞の違いは、目的語の有無です。例えば、Would you like coffee or tea?「コーヒーと紅茶のどちらがいいですか」に対する Either will do.「どちらでもけっこうです」の do には目的語がありません。そこで自動詞と識別でき、辞書で確認する場合、自動詞「十分である、間に合う、けっこうだ」をチェックすることになります。ここでは自動詞と他動詞について考えてみます。

（生徒）：自動詞と他動詞はすでに勉強し、簡単な例文が載っているテキストならよくわかるのですが、大学入試の過去問や模試に出てくる英文は複雑で長く、読解や語法を復習する際、自動詞や他動詞と言われてもピンとこないのです。自分自身、本当にわかっているかどうかあやしいので、校長先生に一度、説明してほしいと思っています。

（校長）：習ったことをしっかり自分のものにしようとする姿勢は立派だね。<u>他動詞には、目的語となる名詞（代名詞などの名詞相当語句）が続くよ。</u>例えば、Please raise your hand if you want to say something.「何か言いたいことがあれば手を上げてください」なら raise の後に目的語となる your hand という名詞句が続くから他動詞。一方、<u>自動詞の後には副詞（〈前置詞 ＋ 名詞〉などの副詞相当語句）が多いよ。</u>例えば、Rice rose sharply in price.「米の価格が急騰しました」なら rose の後に目的語となる名詞がなく、sharply という副詞があることから自動詞とわかるはず。rise（rise → rose → risen）と raise（raise → raised → raised）のように、活用がまぎらわしいものはテストに出やすいところだね。

（生徒）：ありがとうございます。その他に注意すべき点はありますか？

（校長）：<u>自動詞と他動詞には日本語の意味が同じものがあるよ。</u>例えば、You should reply to the invitation as soon as possible.「できるだけ早くその招待

に対してお答えした方がよいです」の reply は自動詞だけど、それよりくだけた表現の answer は日本語では同義でも他動詞なんだ。こういうケースはそんなにたくさんあるわけではないから reply to 〜 ≒ answer 〜 できっちり頭の中に入れておこうね。

㊤：はい。続けてお願いします。

㊡：動詞には他動詞と自動詞で意味が異なるものもあるよ。例えば、A lot of mice ran toward us.「たくさんのネズミが私たちの方に向かって走ってきました」なら副詞句があるから run は自動詞で「走る」だね。けれども I want to run a resort hotel after I'm retired.「退職したらリゾートホテルを経営したいです」なら、run の後に目的語となる a resort hotel という名詞句があるから他動詞となり、ここでは「〜を経営する」の意味。動詞の意味を辞書で調べるときは文型を確定してからが基本だよ。また、The artist lived a lonely life in the countryside.「その芸術家は、田舎で孤独な生活をしました」のように、本来、自動詞として使われる live が他動詞化することもある。しかし数は少ないから live a lonely life で覚えておき、lonely が happy などに変わっても活用できるようにしておくことが大切だね。

㊤：辞書の使い方も大切なのがわかりました。そういうのが正しい勉強の仕方なんですね。ためになります。英作文対策があれば教えてください。

㊡：よくある間違いとしては、日本語の「〜を」と訳せるものが目的語になることが多いために、自動詞と他動詞を取り違えることかな。このように日本語に引きずられることを「日本語の干渉」と言うよ。動詞の意味を暗記する際、辞書を引いて、自動詞なのか他動詞なのか、両方使えるなら意味はどう違うのかを確認しておきたいものだね。

㊤：日本語の干渉を受けないようにするための対策はありますか？

㊡：まぎらわしいものは〈自動詞 + 前置詞〜〉や〈他動詞 + O〉をセットでおさえることかな。例えば、My daughter expects to graduate from university next year.「私の娘は来年、大学を卒業する予定です」なら graduate は自動詞だけど〈graduate from 〜〉で「〜を卒業する」といった具合。最初はたいへんだろうけど、いつも言っている「言語の使用場面」を意識して地道に積み重ねる努力をすることが上達の最短コースであることを忘れずにね。

Lesson

2 ▶語と語のつながり

ここが
ポイント
！

コロケーション（collocation）という用語に代表される、英語独自とも言える語と語のつながりは、「生きた英語」の証であり、実際のコミュニケーションスキルに直結します。もちろん、それをマスターするには「習うより慣れろ」です。

生徒：ライティングの授業で「罪を犯したら罰を受けなければならない」を If you make a crime, you must be punished. と書いたら make を commit と修正され、ネイティブの先生から、コロケーションで覚えた方が「使える」英語のマスターにつながるよ、と言われました。「コロケーションで覚える」とは一体どのようなことなのでしょうか？

校長：コロケーションとは、「結びつきやすい語と語のつながり」のこと。慣用句とかイディオムとか連語と言われる類いだね。用語の定義はさておき、「罪を犯す」はふつう、make ではなく commit a crime と表現するよ。そうだなあ、間違えやすい思いつく例をいくつか挙げるとすれば、break the ice「緊張をほぐす」、burst into tears「急に泣き出す」、consult a dictionary「辞書を引く」、meet requirements「要件を満たす」、sleep soundly「熟睡する」、spend money「お金を使う」、wear glasses「めがねをかけている」、work for a company「会社に勤める」、heavy rain「ひどい雨」、large salary「高い給料」、strong coffee「濃いコーヒー」等々…数えきれないほどあるね。

生徒：確かに「お金を使う」は英語では use money でなく、spend を使うといったことは習いました。日本語とは違いがあるので、なかなか覚えにくいのですが…。

校長：このような英語独自の語と語のつながりは、ネイティブ・スピーカーとの直接的なやりとり、ウェブサイト、ドラマや映画の台詞、歌など、様々なものから学ぶことができるよ。最近では、辞書にも細かく記載されているし

ね。例文で考えてみようか。The red dress becomes you. の意味は？

(生徒)：「その赤いドレスは君に似合う」です。〈衣類 ＋ become [suit] ＋ ヒト〉ですね。

(校長)：OK。では「私の宿題を手伝ってくれますか」を英語でどうぞ。

(生徒)：これは自信があります。Could you help me with my homework? です。「助ける」の意味の help の O は「ヒト」で、「ヒトの〜を手伝う」は〈help ＋ ヒト ＋ with ＋ モノ〉でした。

(校長)：よく勉強しているね。では、In summer, eggs will soon go bad. の意味はわかるかな？

(生徒)：「夏には、タマゴはすぐ腐ってしまうでしょう」ですか？

(校長)：正解。go bad は「悪くなる」の意味。「〜になる」という意味の go にはマイナスイメージを表す語句が続くと覚えておこうね（go bankrupt「破産する」、go mad「気が狂う」など）。

(生徒)：やはり、語と語のつながりはセットで覚えるべきでしょうか？

(校長)：そうだね。語と語のつながりを知っていると、ライティングでもスピーキングでも単語が出てきやすくなるのと同時に、ネイティブにとってもわかりやすいナチュラルな英語になるからコミュニケーションがスムーズになるという利点があるよ。やはり、日頃から英語に触れる量を増やし、実際に使われる言い回しに慣れることが一番の近道じゃないかな。頑張ってみてよ。

(生徒)：はい。見ていてください。

Lesson

3 ▶ 品詞と文型

英語には、8品詞［名詞／代名詞／形容詞／副詞／前置詞／接続詞／動詞／間投詞］と呼ばれるものがあり、リーディングやライティングの基礎になるのが4品詞［動詞／名詞／形容詞／副詞］です。ここでは4品詞と文型について説明します。

生徒：高校に入って8品詞と5文型を勉強したのですが、その関係がまだすっきりしません。8品詞のうち4品詞が重要だと習ったのですが…。

校長：8品詞のうち、最初におさえてほしいのが動詞、名詞、形容詞、副詞の4つ。まずは動詞（V）の自動詞と他動詞の違いはわかる？

生徒：他動詞には目的語（O）があり、自動詞にはそれがありません。

校長：そう。I eat an apple every day.「私は毎日リンゴを食べます」の eat はどうかな？

生徒：an apple という目的語があるから他動詞です。

校長：そうだね。O には原則として名詞（相当語句）がくるよ。SVO の文の場合、意味上 S ≠ O となることもおさえておこうね。また、V は時制変化や活用があり、数の一致もあるから、高度なリーディングになるほど、V を手がかりにして S となる名詞を探すのが基本だよ（命令文／SV 省略の口語体／感情表現／呼びかけなどは例外）。つまり、V の語法によって文型が決まるってこと。わかるかな？

生徒：な〜るほど。よくわかります。

校長：では名詞の機能はどうかな？

生徒：今学んだ O、それ以外では S や C にもなると思います。

校長：それに加えて前置詞の O、少し高いレベルで言うと前後の名詞と同格（カンマやダッシュがつくことが多い）、準動詞や分詞構文の意味上の主語、形容詞的用法として後の名詞を修飾するといったケースもあるよ。まずは、

名詞は S、O、C、前置詞の O とおさえておくことだね。

（生徒）：前置詞の O というのは名詞が前置詞の後にくるってことですか？

（校長）：そうだよ。例えば、He is very interested in politics.「彼はとても政治に興味があります」という文の前置詞 in の後にある politics「政治」は名詞だね。このように前置詞の後に置かれた名詞のことを前置詞の O と言うんだ。

（生徒）：わかりました。今、教えていただいたいろいろな使い方を一度調べてみます。次に形容詞ですが「C になる。名詞を前後から修飾する」とおさえているのですが…（→ p. 164　72 形容詞）。

（校長）：基本的にはそうだね。レベルを上げると、文語的だけど、Being young, he is energetic.「若いので、彼は精力的です」のように、形容詞が副詞として機能すると being や having been が省略された分詞構文の可能性があるよ。いずれにせよ、スタート段階では「形容詞は C になる。名詞を前後から修飾する」でいいと思うよ。

（生徒）：副詞は動詞、形容詞、その他の副詞、文全体などを「補足説明」する語と覚えているんですが…（→ p. 172　76 文修飾副詞）。

（校長）：副詞は動詞をはじめ、修飾先が様々なので見分けられるようになるまで時間がかかるかもしれないけど、多くの例文で慣れていくことが肝心。ちなみに、読解で〈前置詞 + 名詞〉を見たら（　　　）でくくり、形容詞的に働いているのか、副詞的に働いているのかをおさえながら読み進めると理解の助けになるよ。

（生徒）：ありがとうございました。チャレンジしてみます。

Lesson

4 ▶SVC － Cの品詞にも注意 －

ここが
ポイント
！

　　　SVC の C は原則、名詞（相当語句）もしくは形容詞（相当
語句）です。しかし、頭ではわかっていてもなかなか実践的な
コミュニケーションにはいかせていないことがあります。今回
はその使い方について詳しく見ていきます。

⦅生徒⦆：ライティングで「僕があまりにも宿題をやらないので、母は僕のことを
　　　怒っていた」を I didn't do my homework too much, so my mother was anger
　　　with me. としたら anger を angry と添削されました。どこがいけないのです
　　　か？

⦅校長⦆：自分でどこまで調べたの？

⦅生徒⦆：辞書を調べて angry は形容詞、anger は名詞ということはわかったので
　　　すが、使い方が…。

⦅校長⦆：angry という語は何か理由があって怒っているという「状態」を表すと
　　　きに使う形容詞。ここでは怒る理由は何かな？

⦅生徒⦆：僕があまりにも宿題をやらないことです。

⦅校長⦆：うん。でもそれって君の話？

⦅生徒⦆：すみません。最近はちゃんとやっていますけど、部活で疲れちゃうの
　　　で、以前は家でほとんど机に向かうことがありませんでした。

⦅校長⦆：改善されたんだね。英語の話に戻るけど、ここでは宿題をしない君にお
　　　母さんが怒っている「状態」だから angry という形容詞にするんだ。文型は
　　　わかる？

⦅生徒⦆：my mother が S、was が V、angry が C です。

⦅校長⦆：そうだね。SVC の文は意味の上で、S ＝ C の関係が成立し、C には名詞、
　　　もしくは形容詞がくるよ。名詞がくるのは S が「ヒト」なら C も「ヒト」
　　　というように、「厳密な意味」で同義関係が成立する場合だけであり、S の「状

態・性質」を表す場合は形容詞になるよ。

（生徒）：それで、my mother was anger ではなく、angry になるんですね。似たようなことですけど「彼は親切です」を He is kindness. ではなく、He is kind. にする理由がわかりました。He は「ヒト」、kindness は「ヒトの性質」なので「厳密な意味」で同義、つまり、イコール関係ではないのですね。別の質問ですが、get を使って so my mother got angry としても意味は同じですか？

（校長）：get angry にすると「動作」を表し、今まさに怒った、あるいは怒ろうとしているという意味になるから、ニュアンスが異なるよ。そうだなあ、「些細なことで腹を立ててはいけないよ」を英語にしてごらん。

（生徒）：Don't get angry over trivial things. ですか？

（校長）：OK。使い方がわかったようだね。では応用。He had a lot of anger inside him. の意味はわかる？

（生徒）：「彼は心の中で多くの怒りを感じた」です。文型は He が S、had が V、a lot of anger が O です。He ≠ anger ですね。

（校長）：理解できているようだね。<u>SVC の文は意味上、S ＝ C の関係が成立し、C には名詞もしくは形容詞がくること、ただし、C に名詞がくる場合は S が「ヒト」なら C も「ヒト」というように、「厳密な意味」で同義関係になるものだけとおさえておこうね。一方、SVO の文は意味上 S ≠ O の関係であり、O には名詞がくる</u>よ。ちなみに、anger には動詞の機能もあるから辞書で例文を調べてみよう。

（生徒）：はい。

Lesson 5 ▶ 情報の流れ

ここが
ポイント
！

英語の学習では、書き換えても同じ意味になると習う表現が
あります。例えば、〈give ＋ ヒト ＋ モノ〉（第4文型）≒〈give
＋ モノ ＋ to ＋ ヒト〉（第3文型）などがそうです。しかし、
日本語にすると「同じ」ように見えても、実際の会話では使い
方を間違えると、情報の流れが不自然になることがあります。
今回は、コミュニケーションにおける情報の流れについて考え
ます。

生徒：校長先生、少し時間をいただけますか？

校長：どうぞ。何だい？

生徒：ネイティブの先生の授業で、「誕生日プレゼント」というテーマの英会
話を勉強して、その中で「最近、どんな誕生日プレゼントを誰にあげたか」
についてペアワークする場面があったんです。

校長：ふーん。それで？

生徒：「妹に新しい英語の電子辞書をあげた」を思い浮かべ、my sister と言い
かけたとき、たまたまネイティブの先生が通りかかり、What did you give to
your sister? と尋ねられたので、ドギマギしてしまって、とっさに I gave an
English electronic dictionary to her. と答えたんです。

校長：すぐに文で答えられるなんてたいしたもんじゃないか。

生徒：ありがとうございます。でも校長先生、ネイティブの先生は Good. と言
われてから I gave her an English electronic dictionary. と訂正されたんです。
私が Why? と聞くと、先生は <u>new information</u> とだけ言われました。〈give
＋ ヒト ＋ モノ〉は「ヒトにモノをあげる」の意味で、〈give ＋ モノ ＋ to
＋ ヒト〉としても同じと習ったのに、何で修正されたのかわかりません。
new information とはどういうことなんでしょうか？

校長：よい質問だね。文法的には正しいけれど、情報の流れという点で不自然

さが残るというだけだよ。

（生徒）：もう少し詳しくお願いします。

（校長）：実際のコミュニケーションでの情報の流れは、初めて出てくる新情報（new または unknown information）は後に出てくるのがふつう。話す人も聞いている人もすでに了解していると、話し手が考えている旧情報（old または known information）から文を始めるのが「生きた英語」なんだ。

（生徒）：なるほど…。

（校長）：日本語では同じ意味に見えても実際の会話では使い方が違うんだね。What did you give to your sister? という問いに対して、新情報は an English electronic dictionary だから、ネイティブの先生の言うように文の後ろの方に回して I gave her an English electronic dictionary. とした方が自然な文脈ということになるよ。

（生徒）：わかりました。英語ってどんな場面でどんな表現を使うといいか深く勉強すると面白いですね。

（校長）：外国語の使い方に敏感になることは日本語力アップにもつながるから、些細なことでもわかるまで探究することが大切だね。

Lesson

6 ▶ SVOO と SVOC

　　英語を外国語として学習する者（Learners of English as a Foreign Language）にとって、5文型に習熟することは、文構造を正確に把握するスタートライン。ここでは SVOO と SVOC の文について考えます。

（生徒）：校長先生、おはようございます。

（校長）：おはよう。

（生徒）：昨日、学校で習った文型の類題を自学自習していました。① Smoking will do you a lot of harm. ② We found city life hard to cope with. の文型と意味を考える練習問題があり、①は第4文型（SVOO）、②は第5文型（SVOC）とありました。意味はなんとなくわかるのですが、SVOC がイマイチなんです。

（校長）：①は大丈夫？

（生徒）：「タバコを吸うのはあなたたちに大きな害だ」ですか？

（校長）：①は V である do の後に代名詞 you と名詞 harm が二つ続き、you ≠ a lot of harm の関係だから文型は SVOO が想定できるね。<u>SVOO の可能性があれば V に give をあてはめてみると文意が見えてくることが多い</u>よ。

（生徒）：そんな見方があるのですか？？？　SVOO は〈give ＋ ヒト ＋ モノ〉「ヒトにモノを与える」で覚えなさいと言われていただけなので…。

（校長）：基本的にはそうだけど、<u>V の意味が確定しにくく、文型を類推するときによく使う方法</u>だよ。

（生徒）：そうなんですか。簡単な文ならいいのですが、見知らぬ単語や知らない使い方をする動詞があると文型がわかりにくくなってしまいます。そう聞いて、スッキリしました。Smoking は S、will do は V、you は O、a lot of harm も O、do には give をあてはめて「喫煙はあなたたちに害を与える → 喫煙は

健康を害するものだ」と考えればよいのですね。

校長：そう。では②はどうかな？

生徒：We found は「私たちは見つけた」。後半は…？？？

校長：②は V である found の後に City life was hard to cope with という〈主部
＋ 述部〉の関係が隠れているから文型は SVOC だよ。

生徒：〈主部 ＋ 述部〉の関係？？？

校長：かいつまんで言えば、主部は「何が、誰が」、述部は「どうした」のこと。
ここでは city life「都会での生活」が hard to cope with「対処するのが難し
い → 対処しにくい」という〈主部 ＋ 述部〉の関係があるから、SVOC と確
定できる。意味は「私たちは都会での生活をやっていくのがたいへんだと
思った」になるよ。ちなみに〈find ＋ O ＋ C〉は「O が C だとわかる」、
hard to 〜 は difficult to 〜 と同義。

生徒：よくわかりました。

校長：SVOO となる V はある程度決まっているから、give や tell があれば O
が二つ続くことを予測して読むことだね。また、V の後に〈ヒト ＋ モノ〉
が続いたら SVOO を予測、V に give を代入して文意を類推することもリー
ディングスキルだよ。一方、SVOC は O と C に〈主部 ＋ 述部〉の関係があ
り、O ＝ C が成立するのがポイントなんだ。V は「思考・認識」を表すも
のが多く、「O が C だと考える、わかる」が基本。「無生物主語」なら「S は
O が C だという結果を生み出す」という意味になることもおさえておいた
方がいいね。

$\mathcal{L}esson$
7 ▶倒置

英語では SV の語順が入れ替わることを「倒置」と言います。その意味では、疑問文や〈There is ～〉構文なども倒置ということです。今回は頻出する倒置のケースをまとめます。

生徒：先日、Besides Lake Biwa stands a new hotel which was opened in 2018. と書かれた英文がありました。「琵琶湖のそばに 2018 年にオープンした新しいホテルがある」という意味はわかるのですが、語順に違和感があります。

校長：この文の SV はどれかな？

生徒：S を大きくとると、a new hotel which、V が stands だと思います。

校長：そうだね。では Besides Lake Biwa は？

生徒：場所だから副詞句（M）ですか？

校長：そう。本来なら S が A new hotel which、次に V である stands、そして M の besides Lake Biwa という語順になるところが、ひっくりかえって MVS となっているんだね。このように SV の語順が入れ替わることを「倒置」というよ。「倒置」が起こる理由は、前文とのつながりの中で話題を旧情報から新情報へ展開させたり、強調したい語を先に出して視覚に訴えたりするなどの効果が考えられるね。読解では〈前置詞 ＋ 名詞〉があれば、その部分を（　　）でくくると文型が判断しやすくなるよ。よく見かけるものをピックアップしてみるから意味と文型をチェックしてみよう。ではまず、So stubborn was my father that we were unable to change his mind. はどうかな？

生徒：意味は「とても頑固な父だったので、私たちは彼の考えをどうしても変えることができなかった」で、文型は So stubborn が C、was が V、my father が S で that ～ は副詞節（M）です。

校長：SVC が倒置されて CVS になっているね。〈so ～ that ...〉が「原因 → 結果

（因果関係）」を表す構文であることに注意し、So stubborn was「原因：それ
ほど頑固だった」→ my father「誰が：私の父が」→ that ...「結果：彼の考え
をどうしても変えることができなかった」と意味をとった上で SVC が見抜けれ
ば及第点。次は Whether it will rain or not, I can't tell. を考えてみてくれる？

⑬：can't tell が V だから I が S、tell は他動詞で O をとるから Whether 〜
が O となる名詞節。意味は「雨が降るか否か私にはわからない」です。

㊙：SVO が倒置されて OSV になったケースだね。続いて What he had
experienced in his past he wouldn't tell us. はどうかな？

⑬：wouldn't tell が V、その前の he が S、us が O、What 〜 が O です。
SVOO（便宜上、SVO₁ + O₂ とする）の O₂ が前に出て、O₂ + SVO₁ となっ
ており、意味は「彼は、過去に経験したことをどうしても私たちに話さな
かった」です。

㊙：そうそう。文構造がわかりにくい英文に出合ったらまず V を見つけ、
その語法から文型を考えるのが基本だよ。最後に Your suggestion made more
complicated the problem we were faced with. なら？

⑬：Your suggestion が S、made が V、続く more complicated と the problem
〜 はひっくりかえっているけど、〈主部 + 述部〉の関係があるから文型は
SVOC（→ p. 18　6 SVOO と SVOC）が SVCO になったもの。意味は「あ
なたの提案は、私たちが直面していた問題をさらに複雑にした」だと思いま
す。

㊙：書いてある通りに左から右に読み進め、難しい英文に出合ったら V の
語法から S をさがし、V に続く語から文型を確定するのが読解のコツだよ。

⑬：わかりました。先日、On no account should you leave the door unlocked
while driving. という文に出合いました。意味は「運転している間、必ずド
アをロックしておかなければならない」だと思うのですが、これはどのよう
な倒置なのですか？

㊙：否定の副詞（句）が文頭にくると倒置されて、その後には疑問文の語順
が続くよ。On no account 〜 は命令・指示を表す表現であり、「どんな理由
があろうと〜しない」の意味。その後は本来なら You（S）should leave（V）
the door（O）unlocked（C）という文が疑問文、の語順になっているのがわ
かるかな。〈否定の副詞（句）+ 疑問文の語順〉でおさえておくといいよ。

Lesson

8 ▶There ＋ V ＋ S 構文

ここが
ポイント
！

> There is 〜、There are 〜 とくれば「〜がある、〜いる」で
> すが、大切なのはその情報構造。今回は、〈There ＋ V ＋ S〉構
> 文の本質に迫ります。

生徒：姉の友達のセリーナさんが、長年勤めた広告会社から独立して小さな
オフィスを立ち上げたというので、お祝いにお花を持っていったんです。
小さいどころか、すごく立派なオフィスで、There's our office. There's
Christopher, James and Charlotte.「私たちのオフィスよ。クリストファー、
ジェームス、そしてシャーロットよ」とスタッフを紹介してくれ、全部で
10 人近いスタッフがいたので驚きました。

校長：やり手なんだね。

生徒：セリーナさんは、Help yourself to some coffee. There's the coffee machine.
「コーヒーでもどうぞ。コーヒーマシンがあるわよ」とも言ってくれまし
た。そこでとても有意義な時間を過ごすことができたのですが、今日は、
There's our office. There's Christopher 〜 と、There's the coffee machine. の
There's [There is] の使い方について教えていただきたいんです。

校長：〈There ＋ V ＋ S〉構文をどこまで説明できる？

生徒：〈There is ＋ 単数名詞 〜〉、〈There are ＋ 複数名詞 〜〉は「〜がある、
いる」の意味であり、相手にとって初めて話題に出てくる「不特定」のモノ
やヒトが存在することを表します。例えば、薬局を探している人に「角を曲
がったところに薬局があります」と伝えたいなら、There is a drugstore
around the corner. とします。文型は There に続く is が V、a drugstore が S、
around the corner が副詞句です。発音するときは There が文の S でないので
弱く読みます。

校長：よくわかっているじゃないか。〈There ＋ V ＋ S〉の後には場所を示す副詞句が続くんだね。S が「不特定」なら〈There is（are）＋ 新情報〉ということ。ネイティブの感覚では、聞き手にとって文脈から予測できない未知のことであれば新情報、予測できる既知のことであれば旧情報という発想だよ。今の文なら「薬局」を新情報として提示したものになっているけど、相手も知っている旧情報ならどうなると思う？

生徒：The drugstore is around the corner. であり、A drugstore is から始めるのはダメと習いました。また、There is the drugstore とも言わないと。

校長：英語の情報の出し方は、「旧情報 → 新情報」が基本だから、A drugstore is 〜とするといきなり新情報から文が始まることになり、ネイティブにはかなり不自然な響きになってしまうんだね。〈There ＋ V ＋ S〉は、聞き手や読み手に新情報となるモノやヒトの存在を示す構文であることをおさえておいてほしいな。

生徒：セリーナさんが言った文には There is の後に our office（所有格 ＋ 名詞）、Christopher（人名）、the coffee machine（the ＋ 名詞）とあり、形は「不特定」ではないけど、聞き手である私たちにはとって未知のことだから新情報として提示されていると考えたらいいのですか？

校長：鋭い分析だね。the や所有格で限定されている、あるいは目的格など、「特定」のモノ・ヒトでもその存在を新情報として、相手に気づかせたり、思い出させたりする場合、あるいは列挙する場合にこのような使い方をすることがあるんだ。

生徒：勉強になります。類題をお願いします。

校長：「ほら、あそこに昨日、私たちが公園で見た犬がいるよ」を英語にできる？

生徒：相手に気づかせ、注意を引く言い方になっていて「私たちが公園で見た犬」は共通理解していることだから、Look! There's the dog we saw in the park yesterday. だと思います。

校長：その通り。ちなみに「ほら、あそこに〜がいるよ」のように相手の注意を引く、強意表現の場合は there を強く発音するよ。では次。There is the most famous restaurant in Osaka. の意味はわかるかな？

生徒：「大阪で最も有名なレストランがあります」です。

校長：OK。初めて出てくる名詞が新情報でもこのように最上級の場合は、〈There is the ＋ 最上級 ＋ 名詞 〜〉の形になるよ。

生徒：最上級に引っ張られるんですね。

校長：では、もう少し進めて There is the possibility that he made a mistake on purpose. はどうかな？

生徒：「彼はわざと間違った可能性がある」だと思います。この the は確か情報予告ですね。

校長：情報予告の the は名詞の具体説明が後に続くことを予告するだけのもの。〈There is the ＋ 名詞〉の後には、that 節や関係詞節、もしくは of 〜 がくるよ。いずれにせよ、ふだんから辞書を使ってなるべく多くの用例に触れることだね。

生徒：はい。頑張ります。

Memo

Lesson
9 ▶意味上の主語

ここが
ポイント
！

　英語では〈SV ～〉という文型の中でさらに〈主語（S）＋述語（P）〉の関係を含む意味のかたまりに出合うことがあり、その（S）を「意味上の主語」と呼んでいます。具体的に言うと、SVOC の O、不定詞の前の for ～、動名詞の前の所有格（もしくは目的格）、分詞の前後の名詞などがそれにあたります。

生徒：予備校でネクサス（nexus）という言葉をよく聞くのですが、意味上の主語となんらかの関係があるのですか？

校長：ネクサスは、イェスペルセンというデンマークの人が生み出した言葉であり、文の一部となる SV のこと。英文は〈SV ～〉の構造が基本だけど、文の中で、不定詞、動名詞、分詞などからなる意味のかたまりに〈主語（S）＋ 述語（P）〉の関係が含まれることがあり、それがネクサスと言われるものだよ。学校文法では、ネクサスという用語は使わず、この S を便宜上、「意味上の主語」と呼んでいるよ。

生徒：そういうことだったんですね。

校長：例えば、I expect you to read my mind. の文型と意味はわかる？

生徒：文型は SVOC で、意味は「あなたが私の気持ちを察してくれることを望みます」だと思います。

校長：そうだね。文型は I が S、expect が V、you が O、to read ～ が C だけど、O となる「あなたが」が主部、C となる「私の気持ちを察してくれる」が述部の関係になっているのがわかる？

生徒：はい。

校長：このように文の一部になる〈主語（S）＋ 述語（P）〉の（S）にあたる語、ここでは you が、to read ～ の意味上の主語ということになるよ。

生徒：SVOC の文型は O が C の意味上の主語と考えてよいですか？

校長：そうだね。意味上の主語は、不定詞、動名詞、分詞、名詞構文、〈付帯

状況 with 〜〉の構文などにも見られるよ。

生徒：この前、アメリカからの留学生であるルナさんに『源氏物語』を読んだらと言ったら、That's easy for you to say. と返答されたんですけど、for you は to say の意味上の主語という理解でよいですか？

校長：そうだね。不定詞の〈for 〜 to ＋ 動詞の原形 〜〉で〈主語（S）＋ 述語（P）〉関係が成立すれば、「for 〜」が意味上の主語ということになるよ。意味はわかる？

生徒：「あなたがそう言うのは簡単です」つまり、「日本人のあなたが『源氏物語』を読んだらと言うのは簡単だけど、アメリカ人の私からしたら簡単ではないわ → そんなこと言ったって」ということを言いたいんだと思います。

校長：よくわかっているね。では、もう少し意味上の主語について見てみようね。「私は昔の友達が私たちに会いに来てくれるのを本当に楽しみに待っています」を英語にしてくれる？

生徒：「〜を楽しみにして待つ」は〈look forward to 〜 ing〉だから、I'm really looking forward to my old friends coming to see us. だと思います。

校長：look forward to の to は前置詞だから動名詞 coming が続くけど、「昔の友達が私たちに会いに来る」が〈主語（S）＋ 述語（P）〉関係になっているから…。

生徒：my old friends が意味上の主語です。

校長：ちなみに、動名詞の意味上の主語は所有格だけど、ネイティブの感覚としては、前置詞の場合は目的格（名詞の場合はそのままの形）が自然と感じられて多く使われているよ。ではもう 1 題。All things considered, you did well. の意味はわかるかな？

生徒：All things が considered の意味上の主語であり、付帯状況の（with）all things considered、もしくは分詞構文の All things (being) considered と考えて「あらゆることを考慮に入れても、あなたはよくやりました」だと思います。

校長：その通りだね。今回は君の質問内容である「意味上の主語」に焦点を絞って解説したけど、文中の〈主部（S）＋ 述部（P）〉を瞬時に見抜くことができれば直読直解、直聴直解につながるだけに、今からそれを意識した取り組みを期待しているよ。

Lesson

10 ▶ 無生物主語

ここが ポイント！

The heavy rain prevented me from going out. は無生物主語構文で、I couldn't go out because of the heavy rain. と書き換えてもほぼ同じ意味になると習います。本日はこの英語独特の表現について考えます。

生徒：将来、翻訳家になりたくて、毎週1回、地元の翻訳サークルに通っているんです。

校長：「なりたい」、つまり自分の実現に向けて努力しているんだね。続けるんだよ。それで、サークルは楽しいの？

生徒：はい、とても。でも英語と日本語って本当に違う言葉なんだなって痛感しています。

校長：高校生でそれが言えるのは立派だよ。今日はどんな質問かな？

生徒：この前、A long draft of wine will defend us from disappointment. という文が出てきたんですけど、講師の先生が「一杯のワインをぐっと飲めば、失望しなくてすむでしょう」と訳されました。うまいなあと思うのですが、私もそのような訳ができるようになりたいのです。何かコツがあれば教えてください。

校長：この文が無生物主語だということはわかるかな？

生徒：はい。A long draft of wine が「ヒト」じゃないからです。

校長：<u>直訳して不自然な日本語になる無生物主語の場合、まずは O となる「ヒト」を S とし、後に続く語句から V を想定して SV を決めること。そして無生物主語の部分を副詞的（時、理由、条件など）に訳してつなぐと、自然な日本語になる</u>よ。A long draft of wine の場合、「ヒト」はどれだろう。

生徒：defend の O となっている us です。

校長：それに続く from disappointment から SV 関係を考えてみると？

生徒：〈defend A from B〉が「B から A を守る」で直訳が「失望から私たちを守る」だから「私たちは失望しない」と意訳できます。

校長：そうだね。次に A long draft of wine とつなぐとどうなるかな。

生徒：「ワインを長めの一息で飲むこと」では？？？　だから、「一杯のワインをぐっと飲めば」のように「条件」の if の意味でつないで意訳すれば、すっきりします。

校長：わかってくれたようだね。

生徒：そう言えば、無生物主語は副詞的に訳すということを聞いたような、聞かなかったような…。いずれにせよ、使い方がはっきりしました。

校長：では、The bitter criticism of his daughters caused him to quit smoking forever. はどうかな？

生徒：The bitter criticism of his daughters「彼の娘たちの酷評」が無生物主語だから O となる him を S にして、続く quit smoking を V とすれば「彼はタバコを吸うのをやめた」になり、「理由」の as でつなげば、「娘たちに酷評されたので、彼はタバコを止めました」と意訳できます。

校長：うまく訳せたじゃないか。少し補足するよ。文型をチェックしてくれる？

生徒：The bitter criticism of his daughters が S、caused が V、him が O、to quit smoking forever が C です。

校長：そうだね。このように、無生物主語で文型がSVOCの場合、Sに「原因」、OC に「結果」の「因果関係」になるケースが多いから、「S が原因で OC という結果を生み出す」と訳すとうまくいくことが多いよ。また、無生物主語の場合は V の語法に注意することだね。

生徒：よくわかりました。

校長：また、新聞、官庁、通信社、声明文などのメディア英語では、無生物主語を用いることが多いね。無生物主語を副詞的に訳すという要領は同じで、according to ～ に置き換えればわかりやすくなるよ。

生徒：英字新聞にあった The Ministry of Health, Labour and Welfare has said that ～ という英文を先生が「厚生労働省によれば～」と訳した理由がわかりました。

Lesson

11 ▶句と節

ここが
ポイント
！

英語を外国語として学ぶ者にとって、4技能5領域を高める
上で必要不可欠となるのが単語と語法、そして文構造のルール
となる文法です。過度な専門用語は必要ありませんが、勉強し
ていく過程で、必要最低限、おさえておくべき用語は早い段階
でマスターしておきましょう。今回は「句」と「節」について
です。

生徒：授業の中で「句」とか「節」という語をよく聞くのですが、どんなもの
なのかよくわからないんです。

校長：調べてみた？

生徒：はい。「句」はそれ自体の中にSVのない、二語以上の意味のかたまり
のこと。例として不定詞、動名詞、分詞、〈前置詞 + 名詞〉などが書いてあ
りました。「節」はSVのある意味のかたまりのことで、接続詞、関係詞、
疑問詞を使った例文がありましたが…。

校長：意味のかたまりのことをセンスグループ（sense group）と言うよ。英
語を勉強していく中で、相手に通じるコミュニケーション力をつけるために
は、文法や文構造の必要最低限のルールをおさえた上で4技能のバランスの
とれたトレーニングをすることが大切だよ。「句」で言えば、名詞句、形容
詞句、副詞句を見分けられるようにしておくことだけど、働きはわかる？

生徒：名詞句は名詞と同じ働きをするから、文の中でS、O、C、前置詞のO
になります。

校長：そうだね。では形容詞句は？

生徒：前後の名詞にかかります。

校長：例えば、a dog swimming in the river「川で泳いでいる犬」は句、それと
も節？

生徒：名詞句です。

校長：そう。a dog swimming in the river は名詞句であり、その sense group が文の中でS、O、C、前置詞のO として働くんだね。また、名詞句の中で swimming in the river という sense group が形容詞句として dog という名詞を後ろから修飾（補足説明）している「後置修飾」という説明も成り立つよ。

生徒：つまり、意味を大きくとると a dog ～ は名詞句だけど、その中で swimming ～ が後置修飾の形容詞句として dog にかかっているという理解でよいのですか？

校長：その通り。よく理解できているようだね。英語は左から右に読んで、また、聞こえた語順で理解できることが理想だから、あまり文法用語に神経質にならず、sense group さえおさえられれば十分だよ。次に副詞句にいこうか？

生徒：句の sense group が動詞、形容詞、副詞、文全体等を修飾しているケースです（→ p. 12　3 品詞と文型）。ここまで一緒にやっていただくと自分なりに整理できました。

校長：では、Bringing up our children in an international atmosphere is ideal.「国際的な環境のなかで子どもを育てることが理想だ」の文構造はわかる？

生徒：Bringing up ～ がS、is がV、ideal がC です（→ p. 90　40 文頭にある ～ ing の見分け方）。あっ！　S となる Bringing up は動名詞だけど、その sense group が名詞句になっているんだ。

校長：そう。「句」の分類はあくまで文構造を説明するための便宜的なものにすぎないから、今のようにす～っと意味がとれればわかったのも同然だよ。

生徒：ありがとうございます。「節」についても同じように考えればいいのですね。

校長：「節」は他の文の一部となる〈(S) + V ～〉のある sense group のことで、名詞節、形容詞節、副詞節に分けられるよ。特徴を説明できる？

生徒：名詞節は文全体の中でS、O、C、名詞と同格となり（→ p. 154　67 接続詞 that）、形容詞節は関係詞である前にある名詞（先行詞）にかかります。副詞節は動詞、形容詞、副詞、文全体などにかかり、意味は時、場所、理由、目的、条件など、多様です。覚えておくことがたくさんありそうですが頑張ります！

校長：調子が出てきたようだね。では Now that you have come of age, you

should be responsible for your own actions. の意味と文構造はわかる？

生徒：意味は「君はもう一人前なのだから、行動には責任をもつべきだ」で Now that 〜 は should be responsible にかかる副詞節です。

校長：参考までに、文全体の中で補足説明にあたる〈接続詞、関係詞、疑問詞＋ (S) V 〜〉の sense group を「従節」、文の中心部分となる〈SV 〜〉を「主節」と呼ぶよ。ここでは〈Now that 〜〉が従節、〈you should be responsible 〜〉が主節だね。では応用編でもう一つ。The time will come when we can enjoy space travel. はどう？

生徒：意味は「私たちが宇宙旅行を楽しめるときが来るでしょう」で、when は先行詞を The time とする「時」を表す関係副詞。先行詞と関係詞が離れていますが、〈when 〜〉は名詞である The time にかかっているので形容詞節です。校長先生がいつもおっしゃるように、読んで聞いて、す〜っと理解できるようになるまで練習を繰り返します。

校長：Great!

Memo

Lesson

12 ▶ 時・条件を表す副詞節では…

ここがポイント！

　「時・条件」を表す副詞節で未来形の代わりに現在形を用いる理由とは？　また、〈if + S + will ～〉の表現があるのを知っていますか？

生徒：「時・条件」を表す副詞節では未来形の代わりに現在形、未来完了形〈will have + 過去分詞〉の代わりに現在完了形〈have + 過去分詞〉を用いると習ったのですが、なぜ現在形や現在完了形に代用されるのか教えてください。

校長：よい質問だね。では、①「ホテルに着いたら LINE でメッセージを送ってください」と②「明日雨が降ったら、家にいます」を英語にしてくれる？

生徒：① が Please send me a message on LINE when you arrive at the hotel. ②が If it rains tomorrow, I'll stay at home. だと思います。

校長：二つの文の主節はどれかな？　また、その時間軸はどこにあるのかな？

生徒：①の主節は〈Please ～〉で丁寧な命令文だから、時間軸と言われればこれから先、つまり未来のこと。②は〈I'll stay ～〉で will があるからこれも未来のことです。

校長：そうだね。①の〈when ～〉は「時」、②の〈if～〉は「条件」を表す副詞節で、①は send という動詞の原形、②は rains という現在形を使っているけど、<u>主節を見れば内容が未来のこととわかるから、従節である副詞節に will を用いる必要がない</u>というのが一般的な説明。また、I'll return your report when I have read it.「君のレポートを読み終えたら、返却します」のように、未来完了 → 現在完了の場合でも同じように考えることだね。

生徒：よ～くわかりました。僕は大学で言葉の仕組みについて勉強したいと思っているので、ちょっとした表現が気になるんです。

校長：言語表現に敏感になることは言語を勉強する上で大切なことだよ。大学

で言葉の仕組みを勉強したいということのようだから、少し掘り下げるけど、今回の場合で言うと、様々な説があるんだ。今、説明したように、主節を見れば未来に関することとわかるから、従節では will を用いる必要がないという説がまず一つ。実現することを前提としているので、時・条件を表す副詞節では、未来のことでも現在起こっていることを表す現在形を使うとする説が二つ目。さらに、古い英語では、まだ実現していないことを表す場合は動詞に時制を与えず、仮定法現在（動詞の原形）を使っており、時代とともに現在形に変化したという説などがあるよ。

生徒：それを解き明かすっていうのも面白そうですね。まだ質問があるんです。映画の中で If you will help me, I will greatly appreciate it. 「もしあなたが手伝ってくれるなら、私は大いに感謝します」という場面がありました。〈If you will 〜〉は何か特殊な言い方ですか？

校長：いいところに気がついたね。〈If you will 〜〉を用いて、will を強く読めば you の「意志」を表すことになるよ。つまり、I の気持ちとして「是非協力してよ」と言いたい場合に、発音するとき will に強勢を置いて If you will help me, 〜 と発話すれば、「もしあなたが手伝ってくれる意志があるなら、〜」のニュアンスを伝えられるということだね。

生徒：「意志未来」ってやつですか？

校長：そう。よく勉強しているね。今回は「時・条件」の副詞節を中心に説明したけど、I don't know if he will come tomorrow. 「彼が明日、来るかどうかわかりません」のように従節が「名詞節」の場合、内容が未来なら未来時制が使われることも忘れないようにね。

Lesson

13 ▶ 進行形①

ここが
ポイント
！

英語の進行形は〈be 動詞 + 〜 ing〉であり、進行中の動作を表す場合が多く、「動画」にたとえられたりもします。しかし、進行形にはいろいろな用法があり、英語の使用場面に応じた柔軟な理解が必要です。

生徒：最近、朝読書で英語の本を読み始めたんです。わからない単語もあるけど、なるべく辞書とか使わずに前後の意味を考えながら読むようにしています。

校長：立派！ 英語の朝読を始め、その上、文脈から意味を判断するなんて素晴らしい取り組みだね。嬉しいよ。継続していくことはなかなか難しいことだけど、とにかく続けることだね。

生徒：はい。楽しいので続けられると思います。ところで校長先生、教えてほしいことがあるんですけど。

校長：何かな？

生徒：今読んでる小説に、銀行で働く、普段は真面目な登場人物がいます。周りとうまくいかず、魔がさして、勝手なことをして仕事で失敗をし、支店長からこっぴどく叱られる場面があるんです。その時の支店長の台詞が I can't understand why you are being so selfish. You are usually very diligent. なんです。意味は「君は普段とても勤勉なのに、どうしてそんなに自分勝手なのかわからない」だと思うのですが、are being というところがわかりにくいんです。現在進行形ですか？？？

校長：現在進行形といっても使い方はいろいろあるよ。You are selfish. の意味はわかる？

生徒：「君は自分勝手」ですか？

校長：そうだね。be 動詞は「状態・性質」を表すから「君の状態・性質は自

分勝手」、つまり、「自分勝手な性格」のことを言っているんだ。わかる？

（生徒）：はい。

（校長）：それなら You are being selfish. はどう？

（生徒）：…。

（校長）：〈be 動詞 ＋ being 〜〉は「一時的状態」を表す言い方で、You are being selfish. は「君は一時的に自分勝手な状態になっている」、つまり、「自分勝手な振る舞いをしている」ことを言っているんだね。

（生徒）：進行形にそんな使い方もあるのですか。違いがよくわかりました。

Lesson
14 ▶ 進行形②

ここが
ポイント
！

　　　英語の現在形は、現在を中心として過去から未来にまたがる
習慣的動作を表すのに対し、現在進行形は、現在進行中の動作、
つまり、現にその動作が途中であり、まだ終わっていないこと
を表すものです。さらに、現在進行形には応用的な使い方もあ
るのです。

生徒：校長先生、私、毎日5分間、姉と英語で会話をすることにしているんで
　　　す。

校長：よい取り組みだね。きっかけは何だったの？

生徒：中3でロサンゼルスに行ってからです。アメリカ人のお宅にホームステ
　　　イして、とても楽しかったんですが、自分の言いたいことがなかなか英語で
　　　伝えられなくて、くやしい思いをしました。それで日本に帰ってから毎日少
　　　しの時間、母と英語で話すようにしたんです。はじめは母が相手をしてくれ
　　　ていたんですけど、途中から大学で英語を専攻している姉と代わりました。

校長：協力的なご家族に感謝しなくちゃね。是非、続けてほしいものだね。と
　　　ころで今日はどうしたの？

生徒：昨日、姉が「今日の夕食、何を作ろうか考えているのよ」の意味で、I'm
　　　thinking about what to cook for today's dinner. と言うので、食べたいものに
　　　ついて話そうと思ったら、急にインターホンが鳴って、I'm coming. と言っ
　　　て部屋を出ていってしまったんです。姉がなぜ I'm thinking about とか I'm
　　　coming. と現在進行形を使うのか疑問だったので質問に来たんです。

校長：お姉さんに聞いてみた？

生徒：はい。でも「これが生きた英語よ」としか言ってくれないので…。

校長：現在進行形ってどんなときに使うもの？

生徒：「～している」の意味のときです。

校長：確かに、基本的には現在進行中の動作だけど、いろいろな使い方がある

よ。I'm thinking about 〜 の think は本来、「状態」を表す動詞だから進行形にはならないけど、「能動的な活動」を表したい場合は進行形にするんだ。話し手が「状態」以上に「動作」に力点を置いた結果だろうね。似たような例が wear。これは「（衣服など）〜を着ている、〜を身につけている」という意味で、「状態」を表す動詞だけど、「習慣的な状態」なら現在形を使い、Sophia is wearing contact lenses right now.「ソフィアは今、コンタクトレンズをつけています」のように、「一時的状態」なら進行形にするよ。

生徒：ややこしいけどよくわかります。

校長：もう一つ。I'm coming. だけど、このように「発着往来」を表す動詞の場合、現在進行形にすると未来における予定を表すことになるよ。未来のことでも物事がすでに決まっていたり、準備が進んでいたりする内容については「進行中」のニュアンスをもつ進行形にするのがネイティブの感覚。また、英語では相手に呼ばれて距離が近づくときは come を使い、I'm coming. で「今、行きます」の意味になるんだ。お姉さんが、インターホンを鳴らしたお客さんに近づいてきているから come を使うという発想だね。一方、距離が遠くなる時は go。だから I'm going. と言ったらお客さんのところではなく、どこか別のところへ「離れていく」のようなニュアンスになるよ。相手から「出かけるの？」と尋ねられたとき、「今出かけます」と答えるときに使う表現なんだね。

生徒：な〜るほど。進行形といっても使い方は様々なんですね。

校長：さらに一つ追加。You are always complaining. の意味はわかる？

生徒：…。

校長：現在進行形は「〜してばかりいる」というように、繰り返される行為に対する「不満・非難」の気持ちを表すときにも使われるよ。この場合は always や constantly という副詞を伴うことが多く、動作・状態を問わず、進行形にしているね。

生徒：ということは「あなたはいつも文句ばかり言っている」という意味ですか。

校長：そう。「〜している」とくれば現在進行形を想定すればいいけど、現在、動作が途中（一時的）で、まだ終わっていないということをおさえた上でいろいろな用法に慣れていくことが大切だね。

Lesson
15 ▶過去形と現在完了形

ここが
ポイント
！

　英作文で、日本語が「〜した」なら過去形、「〜したことがある」ならば現在完了形で書いてしまったり、発話してしまったりといった間違いは中高生にはよくあることです。今回は過去形と現在完了形の違いについて考えてみます。

生徒：「子どもの頃、5年間ロサンゼルスで暮らしていたことがある」を英語で表現したくて、I have lived in Los Angeles for five years when I was a child. と書いたら、ネイティブの先生に have lived を lived と訂正されて返ってきました。コメント欄には tense「時制」とだけ書いてあったので、いろいろ調べたのですがよくわかりません。なぜなのでしょうか？

校長：「ロサンゼルスで暮らしていたことがある」という「経験」や「5年間」という「継続」から現在完了形を想定したんだろうけど、それは「日本語の干渉」によるミス。過去形と現在完了形の根本的な違いをおさえたほうがよさそうだね。

生徒：お願いします。

校長：過去形は、文字通り過去のことを表すけど、「今はそうでない、今はどうなっているのかわからない」というニュアンスを含み、現在から切り離された過去の事柄を表すのがふつうなんだ。一方、現在完了形は、過去に起こった事柄がなんらかの点で現在まで関係があること、つまり、現在と「つながり」がある過去の状況や気持ちを表すときに使うよ。学校文法では、便宜上、「経験」「継続」「結果」「完了」というように分類してきたんだね。かいつまんで言えば、過去形は「現在とは無関係の過去」のこと、現在完了形は「過去から現在までの幅がある」ことを表す言い方だね。

生徒：中学生の時、現在完了形は〈have ＋ 過去分詞〉、意味は「経験」「継続」「結果」「完了」と暗記したけど、根本は「過去に起こったことを現在とを結

びつけて言いたい」ときに使う表現だったんですね。

校長：そういうこと。それと現在とはつながりをもたない過去を示す語句、例えば、yesterday や ten years ago, a few minutes ago の意味での just now「たった今」があるときは過去形を使うよ。また、When did you graduate from high school?「君はいつ高校を卒業したのですか」のように、When で始まる疑問文のときも現在完了形でなく過去形。おさえておいてね。

生徒：はい。なんでも基本がわかると頭に入りやすいですね。

校長：それで I have lived in Los Angeles for five years when I was a child. の have lived を lived と訂正された理由がわかったかな？

生徒：はい。「子どもの頃、5年間ロサンゼルスで暮らしていたことがある」といっても今は日本にいる状態、つまり、「現在から切り離された過去」を表しているから過去形の lived になるのですね。

校長：その通り。理解できたようだね。

生徒：ありがとうございました。

Lesson

16 ▶ 過去完了形 ＋ α

英語の完了形は、日本語に対応するものがないだけに慣れるのに少し時間がかかります。今回は、日常会話では現在完了形ほど使用頻度は高くありませんが、それでも重要な過去完了形を中心に扱います。

生徒：こんにちは。英作文で「１マイルも走らないうちに、彼は疲れてきた」という問題があり、いろいろな英訳例がある中で He had not run a mile before he felt tired. の時制の使い方と文構造がわかりにくくて質問にきました。

校長：「１マイルも走らないうちに、彼は疲れてきた」というのは「疲れてきた」という時点からみて「彼」がどういう状態のこと？

生徒：「彼は疲れを感じてきた時は１マイルも走っていなかった」状態です。

校長：そうだね。「時」を「前」に代えて考えてごらん。

生徒：「彼は疲れたと感じる前は１マイルも走っていなかった」です。あっ、時制の使い方がわかりました。「１マイルも走っていなかった」は、「疲れを感じた」という過去時制（felt）よりも以前の事柄で、動作の完了・結果を表すから過去完了形〈had ＋ 過去分詞〉を使って、He had not run a mile としているんですね。

校長：その通り。過去完了形は、あくまでも過去のある時点より前の事柄を表す場合に用いるもので、基準となる過去の時点を示す語句があるのがふつうだよ。例えば、We had known nothing about the matter until then.「私たちはその時までその件について何も知りませんでした」のように、過去を表す語句（then）があり、それよりも以前の状況を表す場合や、He was upset. He hadn't expected such a terrible result.「彼はうろたえました。というのは、そのような恐ろしい結果を予想していなかったから」のように、文脈におい

て、ある過去の時点より以前の状況を表す場合に用いるんだね。ただし、and や but などを用いて、I bought [× had bought] an expensive cellular phone and lost it the next day.「私は高価な携帯電話を買ったが、翌日なくしてしまいました」のように、二つの事柄の時間的順序を示す場合は過去完了形は使えないよ。また、My mother went to the movies after she had set [○ set] the table.「母は、食卓の準備をした後、映画に行きました」のように、before や after など時間の前後関係が明示できる場合は、時制は過去形でもよいとされているよ。

🧑‍🎓：よくわかりました。

🏫：では類題。「10分も歩かないうちに彼女と出会いました」を英語にしてくれる？

🧑‍🎓：I had not walked ten minutes before I met her. ですか？

🏫：素晴らしい。よくわかってくれたようだね。

🧑‍🎓：〈not A before B〉は「A しないうちに B」と意訳できるものがありそうですね。

🏫：It won't be long before we're rescued. ならどうなるかな？　直訳してごらん。

🧑‍🎓：「私たちが救助されるのにあまり時間はかからないでしょう」です。

🏫：前から訳して意訳すると？

🧑‍🎓：「短時間のうちに救助される」…。そうか！　〈It won't be long before SV ～〉が「まもなく SV ～」と訳されるのが理解できました。

🏫：過去完了形の使い方と〈not ～ before ...〉の意訳がわかったようだね。

Lesson

17 ▶ 未来表現の多様性

> **ここがポイント！**
>
> 英語の動詞、例えば、speak なら現在形は speak と speaks、過去形なら spoke とそれぞれの形をもっていますが、未来を表す場合は、通例、動詞の原形の前に助動詞 will をつけた形で示します。また、中学で習う近接未来の〈be going to + 動詞の原形 〜〉の他、差し迫った未来を表す〈be about to + 動詞の原形 〜〉や〈be on the point of 〜 ing〉など、その表現方法は多岐にわたっています。

生徒：英語の未来表現として、I'm going to major in electronics at university.「私は大学で電気工学を専攻するつもりです」のように、前もって考えていた計画や意図を表す場合は be going to を使い、It will snow tomorrow.「明日は雪になるだろう」のように、自然の成り行きで起こる事象や I'll send you an e-mail at 8 p.m.「夜、8時に E メールを送ります」のように、話者の意志を表す場合は will を使うと習ったのですが、いろいろな使い方が出てくるので頭の中がこんがらがっているんです。

校長：〈be going to + 動詞の原形 〜〉は「〜することに向かいつつある」が直訳で、近いうちに確実に起こりうる可能性がある、予定や計画していたことを実行する、もしくは根拠があって未来を予測する場合に用いられる言い方だね。一方、will は「単純未来」や「意志未来」などに細かく分類されているけど、実態としてはかなり広い範囲で使われているから、どのような場面で使われるのかを「肌感覚」で学んでいくことが大事かな。

生徒：はい。地道な積み重ねですね。

校長：元々の意味が「意志」である will については「これから起こること」、つまり（近い）未来の出来事を示すものであることをおさえた上で、様々な用例に慣れていく必要があるね。まずは基本的なところから確認しよう。「今晩、電話してくれますか？」について、すでに電話することを決めている

状態とまだ電話することを決めていない状態を前提にした英語にしてくれる？

（生徒）：前者が Are you going to call me tonight?、後者が Will you call me tonight? だと思います。

（校長）：正解。では、「会議は 9 月 20 日に開催する予定です」を英語にできる？

（生徒）：We are going to have a meeting on September 20. が思い浮かびました。

（校長）：We are planning to have 〜 でもよいし、〈be to ＋ 動詞の原形 〜〉を用いて We are to have 〜 でもよいね。また、硬い言い方になるけど will を用いて The meeting will take place on 〜 も可。will は予定や計画を表す場合に用いられることもあるんだ。さらに、実行することが確実と話者が考えている計画なら現在形を用いて We have 〜 とすることもできるよ。

（生徒）：なるほど。確かに幅の広い使い方をするのがよくわかりました。「私たちの文化祭はきっと大成功します」をネイティブの先生が Our school festival is going to be a big success. と板書された理由が理解できました。

（校長）：近い将来にそうなるであろうということを見込んでいる話者の確信を表す意味で〈be going to ＋ 動詞の原形 〜〉を使われたんだろうね。もう少しいくよ。The phone is ringing.「電話が鳴っているよ」に対する OK, I'll answer it. That will be my mother. の意味はわかる？

（生徒）：「いいよ。私が（電話に）出るから。たぶん母でしょう」くらいですか？

（校長）：うまい、うまい。急な電話に対して「自分が出るよ」というように、<u>その場での思いつきは will</u> を用いて、OK, I'll answer it. などと言うよ。また、「たぶん母だろう」のように、話者の推測を表すときも will を使うんだね。

（生徒）：面白いですね。

（校長）：ただ、People will talk.「人はうわさをするものだ」のように<u>現在の傾向・習性・性質</u>を表したり、You will clean your classroom after school.「放課後、教室を掃除しなさい」のように<u>指示を表したり</u>する場合もあるよ。使い方に迷ったらその都度、辞書を引くことが大事だよ。いずれにせよ、大切なのは<u>will を見たら、これから先のことについて伝えていると想定する</u>ことだね。

（生徒）：わかりました。

（校長）：さらに、<u>未来における自然現象や動作の継続なら〈will be 〜 ing〉、未来における動作の完了なら〈will have ＋ 過去分詞〉</u>など、他にもさまざまな使い方もあるので多くの例文にあたって慣れていってほしいな。

Lesson
18 ▶be able to

ここが
ポイント
！

「〜することができる」という能力や可能性を表す助動詞 can は、通例、〈be able to 〜〉に書き換えることができます。しかし、文脈によってはそのどちらかしか使えない場合もあります。〈can 〜〉＝〈be able to 〜〉という固定観念にとらわれず、一番大切な言語の使用場面を意識した勉強をするよう心がけたいものです。中高の英語の勉強では、どのような場面でどのような使われ方をするかについて常に着目し、4技能のバランスのとれた練習を積み重ねることが習熟への最短コースです。

生徒：こんにちは。今まで can と be able to は書き換えても意味は同じと思っていましたが、使い方が違うものがあると感じるようになりました。

校長：いつ頃からそう感じ始めたの？

生徒：今年に入って、放課後、ネイティブの先生に英作文の添削指導をしてもらってからです。

校長：大学受験に向けて頑張っているんだね。嬉しいよ。ところで今日はそれに関することかな？

生徒：そうなんです。この前、「何時間も待って、やっとその有名な医者に診察してもらうことができました」を英語で表現したくて、After waiting for hours, I could finally consult the famous doctor. と書いたら、ネイティブの先生に was finally able to と書き直されました。could のままではいけないのですか？

校長：ネイティブの先生には聞いてみたの？

生徒：はい。was finally able to の方が Much better. と言われました。私としてはどういう場面で使うのか知りたかったのですが、英語でうまく聞けませんでした。

校長：be able to は can とほぼ同じ意味の英文になることが多いけど、can に

比べてやや硬く、内容が現在なら使用頻度では can の方が上。ただ、内容が過去で、時間や努力を払って実際に達成することができたことを表すときには could ではなく、〈was [were] able to ～〉にするのがふつうだね。

⊕生徒：そうなんですか。初めて聞きました。その他にも重要なものはありますか？

⊕校長：そうだね。例えば、Look! I can ride a bicycle!「見て！　僕、自転車に乗れるよ」のように、能力を示すのと同時にそれを口に出して言う場合には〈be able to ～〉でなく、can を用いるというものもあるよ。外国語の勉強、いや、どんな勉強でもそうだけど、授業の中で習うのは基礎の基礎。大切なのは、それを土台に発展的に自ら学習していく姿勢だよ。文法書を持っていたらそれを「トリセツ」のように活用しながら使用場面を意識した勉強を心がけることだね。

⊕生徒：ありがとうございました。頑張ります。

Lesson

19 ▶ used to と would

ここがポイント！

英語で「過去の習慣的動作」と言えば、とっさに浮かぶのは used to と would という助動詞ではないでしょうか？ 今回はその使い方を少し詳しく見てみましょう。

（生徒）：私には、昔外国の会社に勤めていて、定年になってから日本の会社で働いている祖父がいます。時々、英語を教えてくれるんです。

（校長）：ありがたい環境だね。感謝しなくちゃ。

（生徒）：おっしゃる通りです。この前、子どもの頃の写真を見せてくれて、英語で When I was a child, I lived by the lake. In summer, if the weather was fine, I would often get up early and go swimming. と言いました。

（校長）：意味はわかった？

（生徒）：はい。「子どもの時、湖のそばに住んでいて、夏、天候がよければ、よく早起きして泳ぎに行ったものだ」です。

（校長）：そう。子どもの頃のことを回想されているんだね。

（生徒）：would often という表現を覚えておくんだよって言ってました。

（校長）：大事な点だね。〈would ＋ 動詞の原形 ～〉には「過去の習慣的動作」の用法があって、よく often や sometimes という語と一緒に出てくるよ。「～したものだ」と訳すことが多いよ。

（生徒）：話が盛り上がって、現在の仕事のことを話す中で、「以前は電車で通勤していたんだけど、今、仕事場までは徒歩と自転車だよ」と言って、健康を気にする年なんだってつぶやいていました。英語にしてごらんと言うので、I would often commute by train, but now I walk and cycle to work. と答えたら、would often を used to に直されました。

（校長）：なんでわかる？

48

生徒：過去の習慣なんだから would often でいいと思うんですけど？？？

校長：used to には「過去の習慣的動作」と「過去の継続的状態」という二つ
の使い方があり、前者は「〜したものだ」、後者は「以前は〜があった」の
意味があるのは知ってる？

生徒：聞いたことあります。

校長：両者の違いは、used to は現在との「対比」を表していて「今はそうで
ない」というニュアンスがあるのに対し、would は過去のことを回想して述
べるときに使われるということ。また、used to は過去であることがはっき
りしているので、過去を示す語句はないけど、would は過去であることを明
示するために過去を示す語句があるのも特徴と言えるかな。

生徒：それで used to にしたんですね！　そのようなことを習ったような気が
します。

校長：それなら「以前このあたりに湖があったが、今はない」を英語にでき
る？

生徒：There used to be a lake around here. だと思います。

校長：そうだね。ちなみに、この場合、状態を表す動詞は would とともに用い
ることができないこともおさえておこうね。

生徒：はい。また、祖父の話に戻りますけど、外国と日本とでは文化の違いが
あります。例えば、車の運転でも、最初は I wasn't used to driving on the
left. だったけど、だんだん I got used to it. になったと言っていました。意味
は「左側通行に慣れていなかった」けど、だんだん「それに慣れた」だと思
うんですが…。

校長：そうだね。〈be used to 〜〉が「〜に慣れている」という「状態」を表
すのに対し、〈get used to 〜〉は「動作」に重きを置いた言い方で「〜に慣
れる」という意味。to は前置詞なので後には（代）名詞、もしくは動名詞が
続くよ。ちなみに、〈be used to ＋ 動詞の原形 〜〉なら「〜のために使われ
る」だから間違えないようにね。

生徒：その場合の〈to ＋ 動詞の原形 〜〉は不定詞の副詞的用法なんですね。

Lesson

20 ▸ must もいろいろ

ここが
ポイント
！

> must とくれば意味は「〜しなければならない」であり、have to に言い換えられるの一点張りになっていませんか？have to は must と重なる点が多いものの、強制・断定の意味が弱く、くだけた表現としてよく使われます。通例、must は話者の主観的判断による必要性や法律などにおける必要性を述べる文に使われるのに対し、have to は規則や状況などによる客観的判断による必要性を述べる場合が多く、他に選択肢がないことを暗示すると言われています。

生徒：最近、英会話学校に通い始めたんです。学校でのネイティブの先生の授業は週 2 回だけだから、もっと英語でコミュニケーションをとる練習がしたいんです。

校長：よい心がけじゃないか。続けるんだよ。

生徒：はい。今日は教えてほしいことがあります。英会話スクールでは日本語が話せない先生が担当なので、何度聞き直しても説明が完全に理解できないこともあるんです。

校長：きっとわかりやすい表現に言い換えて教えてくれるはずだから、わかるまで聞き続けてほしいな。でも今日は、折角、来てくれたのだから質問に答えさせてもらうよ。

生徒：ありがとうございます。英会話スクールで勉強した内容なんですけど、その中で出てきた must の使い方についてです。同じ会社に勤める男性 A と女性 B が会話をする場面があって、A は、Would you like to have dinner with me tonight?「今晩、夕食をご一緒しませんか」と誘って、B が I have to work overtime until late at night. I'll pass this time.「私は遅くまで残業しなければならないの。今回はパスするわ」と答えるんです。その後、A が If you must, I am happy to help you. と返答するという流れなんですけど、must

がなんでこんなところに出てくるのか理解できないんです。

校長：must の意味は？

生徒：「～しなければならない」と「～に違いない」です。

校長：それだけかな？

生徒：それ以外にもあるんですか？

校長：もちろん。結論から言うと、<u>must には「どうしても～する」という「固執」の意味もあり、If you must で must を強く発音すると「どうしてもと言うなら」</u>というニュアンスになるよ。If you must, I am happy to help you. を訳してごらん。

生徒：「どうしてもと言うなら、喜んでお手伝いさせてもらうよ」です。

校長：もう少し練習してみようか。辞書を使ってもいいからこれから言う日本語を英語にしてごらん。まず「どうしても知りたいというのなら教えるけど、海外で働くために健康診断を受けていたんです」はどう？

生徒：「どうしても知りたいというのなら教えるけど」は、さっきの「どうしてもと言うなら」と同じ要領で考えれば If you must know、「海外で働くために健康診断を受けていたんです」は I had a medical checkup to work overseas. です。

校長：OK。では「是非、夜、通天閣がイルミネーションに照らされるのを見たい」を must を使って言ってごらん。

生徒：（辞書を調べながら）あった、これだ！　<u>I もしくは You must で「是非～したい」という「強い提案や希望」を表す用法があるんだ！</u>　ということは、I must look at Tsutenkaku Tower illuminated at night. です。

校長：その調子。must のいろいろな使い方を辞書で「読んで」みようね。

Lesson

21 ▶「拒絶」を表す won't

ここが
ポイント
！

英語の未来時制は、will, be going to（あらかじめ考えていた
計画・意図）、be about to（差し迫った未来）などを用いて表
します。しかし、will があれば時制は必ず未来というわけでは
ありません。今回は、「拒絶」の won't についてです。

生徒：毎朝、取り組んでいる英語朝読書の短編の話をさせてください。いつも
元気で、よく家の手伝いをしてくれる息子が、部屋の掃除をしてほしいとい
う母親の要望をめずらしく聞き入れない場面があるんです。その様子を母親
が父親に、I asked him to clean his room, but he won't do it. と伝える台詞が
あって won't の使い方がわからなかったので調べてみたんです。

校長：疑問点を自分で調べようとする姿勢は立派だね。それがアダプティブ・
ラーニングにつながっていくんだよ。それで、won't の使い方はわかったの
かな？

生徒：わかりました。強い「拒絶」を表す場合に使うとありました。英文の意
味は、「彼の部屋を掃除をするように頼んだけど、どうしてもやろうとしな
いのよ」くらいだと思います。

校長：そうだね。「拒絶」を表す場合、発音するときは won't を強く読むよ。
また、won't は「一時的」なことが多く、doesn't にすると「習慣的」な意味
合いをもつんだ。ここでは「いつも元気で、よく家の手伝いをしてくれる」
ようだから doesn't ではないね。

生徒：はい。そこで won't のことで教えてほしいことがあるんです。

校長：どうぞ。

生徒：won't について参考書や辞書を見比べていたら、英文は忘れましたけど、
The door won't open.「ドアはどうしても開かない」、The engine won't start.「エ
ンジンがどうしてもかからない」、The top of this bottle won't come off.「こ

のビンのキャップがどうしても開かない」みたいな例があったんですけど、不思議なのは「拒絶」は人の感情を表すものなのに、どうして「モノ」がSになっているかということなんです。

校長：参考書や辞書を見比べながら勉強する姿勢に敬服するよ。鋭い疑問点をもてたことも日頃の勉強の成果だね。結論から言えば、「モノ」が意思をもっているかのように表現する「擬人法」というのが答えかな。英語の未来時制は、助動詞 will や be going to, be about to を用いて表すのは知っているよね。

生徒：はい。

校長：will で言えば、予測されうる未来の出来事を表す「単純未来」と、主語の意志によって何かをしようとする「意志未来」があるのはわかっているかな？

生徒：そのあたりまではおさえました。

校長：その「意志未来」の否定形 will not（→ won't）が「拒絶」を表し、さらに「擬人化」したものが「モノ」を主語にしたものということになるね。また、「拒絶」を表す won't は「うまくいっていない」ことが前提だから、話者の「苛立ち・焦り・不安・不満」といった感情も表しているとも言えるんだね。

生徒：ありがとうございました。聞いてよかったです。

Lesson

22 ▶ 助動詞 should

ここが
ポイント
！

　　　動詞を文の「心臓部」とするならば、助動詞は、その機能を助ける役割をします。端的に言えば、英語の助動詞は話し手の「感情」を正確に伝える重要表現なのです。
　　　今回は、助動詞 should に関するよくある間違いについて考察し、受験対策にとどまらず、言語の使用場面に応じたコミュニケーション力を高めるステップとします。

校長：Good morning.

生徒：Good morning, Mr. Hirai.

校長：How have you been?

生徒：I've been good, thank you. I'd like to speak in Japanese if that's OK.

校長：Yes, of course.

生徒：この前、私が住んでいるマンションのとなりにアメリカ人の家族が引っ越してきて、そこの長女で、キャビンアテンダントをしているサラさんと親しくなったんです。

校長：よかったね。異文化コミュニケーションはできているかい？

生徒：先週、サラさんと一緒に買い物に行ったんですけど、すごく忙しくて、なかなか休暇がとれないって言っていたんで、「2〜3日お休みをとったほうがいいよ」のつもりで You had better take a few days off. と言ったらサラさんの顔が少し曇ったんです。私、何か悪いことを言ったのでしょうか？

校長：親切のつもりでも、状況に応じた正しい英語の使い方ができていないんだね。

生徒：そうなんですか？

校長：had better とくれば「〜するほうがよい」の一点張りだけど、You had better 〜 には「警告」の意味があり、時にはかなり高圧的で押しつけがましい言い方になってしまい、目上の人には失礼になることもあるんだよ。「〜

したほうがよいですよ」という「助言」や「忠告」の意味で言う場合は、should を用いて、You should take a few days off. と言うのがふつうだね。should は「助言」、had better は「警告」、must は「命令」という感じかな。強さで言えば、should < had better < must のイメージをおさえておくといいよ。

（生徒）：でも should は「〜すべき」じゃないんですか？

（校長）：そうとは限らないよ。「〜した方がよい」とか「〜はずだ」というような意味もあるんだよ。

（生徒）：本当ですか？　知りませんでした。勉強し直します。

（校長）：習った英語をどういう場面で使うかは慣れが大切だね。それが異文化コミュニケーションのツールになると信じて努力を続けてほしいな。ところでサラさん、君の優しさをきちんと理解してくれたのかな？

（生徒）：きっとわかってくれたと思います。

ここが
ポイント
！

助動詞である may, must, can't に〈have ＋ 過去分詞〉が続くと「現在から見た過去の推量」を表し、順に「〜だったかもしれない」「〜だったに違いない」「〜だったはずはない」の意味になります。しかし、〈should have ＋ 過去分詞〉になると、多様な使い方や意味があるので、間違いがちです。

生徒：高校を卒業したらアメリカに留学して惑星や太陽系、銀河などを研究し、将来は宇宙ビジネスの仕事に関わりたいと思っているんです。

校長：壮大な夢だね。是非、実現させてほしいな。いつ頃からそのような将来設計をもつようになったの？

生徒：小学生の時からです。理科クラブに入っていて、顧問の先生が宇宙の話をしてくれたのがきっかけで、いろいろな本を読むようになりました。今でも続けています。

校長：たいへんよいことだね。そちらの方面でいうと、最近、国際共同研究チームがブラックホールの撮影に成功したというニュースがあったね。

生徒：はい。まだ漠然としているんですけど、そういうことに興味があります。

校長：今は漠然としたものでも、興味・関心の対象があるというのは望ましいことだよ。夢の実現に向けて、何かしていることはあるの？

生徒：本を読むだけでなく、理科の先生に、アメリカから日本の大学に来ているという宇宙物理学を専門にする先生を紹介してもらって、お話を聞かせていただきました。

校長：ありがたいことだね。それでどうだった？

生徒：なぜ、アメリカで宇宙物理学を勉強したいのかって聞かれました。

校長：どう答えたの？

生徒：アメリカは、宇宙物理学や天文学の分野が日本より進んでいて、留学生を受け入れる大学があるって聞いたからと答えました。

校長：なるほど。もっと掘り下げた質問はなかった？

生徒：いろいろありましたが、印象に残っているのは、今、英語コミュニケーション力はどれくらいかという話でした。英検2級と答えました。

校長：どんなふうにおっしゃった？

生徒：アメリカの大学に入学するにはTOEFLを受験し、大学で通用する、ある一定レベルの英語コミュニケーション力が必要だと言われました。

校長：その通りだね。

生徒：アメリカの大学に入るにはTOEFLの受験が必須だなんて知りませんでした。「それは何ですか？」と聞いたら、先生はI should have thought you'd know that. と言われた後、入学までに必要な手続きなど、もっと詳しく情報を集めた方がよいとおっしゃって、留学支援センターを紹介してくださいました。

校長：よかったじゃないか。まだ高1なんだから知らなくても仕方ないと思うよ。でも次のステップが踏めそうだね。

生徒：ありがとうございます。英語の勉強も進めます。ところで、I should have thought you'd know that. ってどんな意味になるんですか？

校長：〈should have ＋ 過去分詞 ～〉は「～すべきだったのに（しなかった）、～した方がよかったのに（しなかった）、～したはずだったのに（できなかった）」のように、実現しなかった過去の出来事に対する非難や後悔の気持ち表す場合、また、仮定法の帰結節にあたる〈I should (would) have ＋ 過去分詞 ～〉「～だっただろうに」などで用いられるよ。ここでは、should have thought の目的語となる 名詞節（that）you'd know that「あなたがそのこと（TOEFL受験）を知っているだろう」ということを「私は考えておくべきだったのに考えていなかった」が元の意味。そこから「それくらい知っていると思っていたのだけど」のニュアンスが生まれるんだね。

生徒：な～るほど。理解できました。

校長：その他、You should have seen her face when we told her about it.「私たちがそのことについて彼女に言ったときの彼女の顔を見たでしょ！」のように、想定外のものを見たり、聞いたりしたときの驚きを表す言い方もあるよ。

生徒：そうなんですか。面白いですね。英語の勉強をもっと頑張ります。

校長：焦らず、自分のペースでね。

Lesson

24 ▶ might

might という助動詞の「形」は may の過去形ですが、日常の使われ方を見ると、現在時制が多いことがわかります。今回は言語の使用場面を意識したアプローチを行います。

（生徒）：私の兄は今、イギリスに本社がある建設会社に勤めていて、来年からアメリカに本社をもつ別の会社と手を組んで、大きなプロジェクトに取りかかると言っていました。

（校長）：世界を舞台に活躍されているんだね。

（生徒）：はい。昨日、兄の友達とオンラインでパーティーをしたんです。アメリカ、イギリス、中国など、いろいろな国の人がたくさん参加されました。会話は全部、英語でしたけど、すごく楽しかったです。

（校長）：よかったね。「生きた英語」を使える環境だったわけだ。

（生徒）：そうなんです。兄の友達やその友達など、人が人を呼んで8人のオンラインでのパーティーとなり、会話の内容も深くバラエティに富んでいて、すごく勉強になりました。今日はその中で出てきた might について教えてほしいのです。

（校長）：どうぞ。

（生徒）：兄が We have a big project coming up next year.「来年、大きなプロジェクトがあります」と言ったら、兄のアメリカ人の友人のそのまた友人である中国の方もたまたま建設会社に勤めていて、兄と仕事の話で盛り上がって、I might be able to help you, I think. と言われたんです。意味は「ひょっとしたらお役に立てるかもしれないと思います」だと考えますが、なぜ、might を使って過去形にしているのかわからないんです。

（校長）：この might は過去の意味じゃないよ。

生徒：えっ？　might は may の過去形じゃないんですか？

校長：「形」はそうだけど、意味は過去じゃなく、「現在・将来の可能性や推量」を表しているんだ。may に書き換えられるケースもあるよ。実際の会話では「控え目な気持ち」を反映して I think などを伴う場合も多いけどね。

生徒：ということは、ここでは将来の可能性も含めて控え目で丁寧な表現になっていると考えればいいのですか？

校長：そうだね。英語では控え目な表現を過去形とし、現在から「遠い」イメージを示すことによって、へりくだった婉曲的ニュアンスをもたせているんだ。

生徒：な～るほど。

校長：He said it might rain.「雨が降るかもしれないと彼は言った」のように「時制の一致」の勉強の時に出てくるから、つい might とくれば may の過去形と刷り込まれちゃうんだろうね。使用場面を意識すると、might は「形」は過去でも、実際には現在の意味で用いられることが多いよ。もちろん、may と might は近い意味で使うこともあるけど、話者が「高い確信」をもって「～かもしれない」と言う場合は may、「確信度が低ければ」might を使って発話するんだ。例文がほしいね。「議長が欠席しているので、ひょっとしたら今日、会議はないかもしれない」を英語にできる？

生徒：There might not be a conference today, because the chairperson is absent. くらいですか？

校長：話者自身が「会議が開かれる」ことについて確信がもてない、つまり、「会議開催」の可能性が低いと思っていることを前提として発言するなら might でいいね。その他、I might be playing baseball at 3 pm. I'm not sure if they still want to play.「私は午後3時には野球をしていることになるかもしれません。彼らはまだその気でいるかどうかわからないけれど」のように、「予定の可能性」を表す場合もおさえておこうね。

生徒：はい。よくわかりました。

Lesson 25 ▶ 受動態

ここが
ポイント
！

受動態といってもその用法はいろいろです。今回は、二人の生徒の受動態に関するいくつかの質問にまとめて答えることにします。

校長：（放課後の教室で）二人で勉強？

生徒Ⓐ：はい。この前からB君と二人で勉強会を始めたんです。クラブが同じこともあって、お互いに教え合いながらやっています。

校長：To teach is to learn. だね。何を勉強しているの？　英語？

生徒Ⓐ：はい。AI教材を使って英文法を学習しているんです。今日は受動態です。疑問点があるので、質問してもいいですか？

校長：どうぞ。

生徒Ⓐ：対話文の中で、女性の人気作家が最近書き下ろしたという小説について、At present her latest novel is selling well. とありました。意味は「目下、彼女の最新小説はよく売れている」だと思うのですが、どうして is sold にしないのかわからないんです。主語は「モノ」だから「〜される」で受動態だと思うんですが…。

校長：鋭い質問だね。sell well の sell は自動詞なんだ。目的語がないのが最大のヒントだね。自動詞は、ふつう受動態にならないから、日本語では「よく売れる」と表現されても英語では sell のままなんだ。is selling well は現在進行形だから「よく売れている」の意味になるよ。

生徒Ⓐ：なるほど。そうだったんですか。わかりました。

生徒Ⓑ：僕は英作文の質問です。「昨日、ひどい雨に降られた」を I was rained heavily yesterday. と書いたら、ネイティブの先生から I was caught in a heavy rain yesterday. と添削され、I was rained??? と書いてありました。

校長：rain は自動詞で目的語をとれないから I was rained ... という受動態をつくれないんだ。日本語の干渉だね。ちなみに、be 動詞に自動詞の過去分詞が続く場合、例えば、The butter in the refrigerator is gone.「冷蔵庫のバターがなくなってしまった」のような場合は「完了」を表すけど、数は少ないから過去分詞を形容詞としておさえておくといいね。

生徒Ⓐ：別の質問です。英会話の時間に「そんなことをしたら笑われるよ」を You will be laughed if you do that. と言ったら通じてはいたけど、laughed を laughed at に訂正されました。

校長：なぜかわかる？

生徒Ⓐ：laugh at 〜 がかたまりだから、at を落としちゃいけなかったんですね。

校長：そうそう。laugh at 〜 のように、〈自動詞 + 前置詞〉などの「句動詞」はひとかたまりを「他動詞」とみなして受動態をつくるけど、よく前置詞を落とすことがあるから注意だね。「句動詞」は laugh at 〜 のようにひとかたまりで覚え、使いこなせるようになるとミスは自然になくなるよ。

生徒Ⓐ：英字新聞ではよく受動態で書かれた英文を見かけるんです。The captain of a jumbo jet was slain in the skyjack attempt.「ジャンボジェット機の機長が、ハイジャック未遂で殺害された」という文を以前目にして、ノートに書き留めています。新聞独特の使い方ってあるんですか？

校長：気になった表現を書き留めているなんてとてもよい心がけだね。新聞に代表されるメディア英語では、被害を表す場合や、断定を避けて客観的事実を描写する場合に受動態が用いられるんだ。

生徒Ⓐ：面白い使い方ですね。

生徒Ⓑ：また別の質問です。能動態の文がすべて受動態に書き換えられるわけではないって聞いたことがあるんですけど本当ですか？

校長：その通り。受動態は、意味の上で、能動態の目的語が動詞の動作によって何らかの影響を受けるものでなければならないんだ。簡単に言うと、動作を「する側」と「される側」の関係が必要ってこと。例えば、He resembles his father very much. は「彼は父親にとてもよく似ている」という意味だね。resemble は目的語をとる他動詞だけど、「状態」を表す動詞だから「する－される」の関係が成り立たない。だから、受動態にはできないというわけ。

Lesson

26 ▶受動態と情報の流れ

ここが
ポイント
！

英語の受け身形、すなわち、受動態の学習と言えば、初心者になればなるほど「たすきがけ」に代表される能動態から受動態への機械的な書き換えに終始しがちです。しかし、形が違う以上、使い方も異なるはずです。ここでは、「情報の流れ」（→ p.16 5 情報の流れ）という視点から受動態を考えます。

生徒：校長先生、こんにちは。

校長：こんにちは。ゴールデンウィークはゆっくりできた？

生徒：はい。実は家族とスペインに行っていました。

校長：スペイン？　うらやましい限りだね！　楽しかった？

生徒：はい。最高でした。

校長：よかったね。

生徒：ところで校長先生、英語の質問をしてもかまいませんか？

校長：どうぞ。

生徒：英会話の授業でネイティブの先生とのペアワークをしました。僕はスペインで撮った写真を見せながら、「このちょっと変わった建物が、スペインで最も有名な建築家の一人であるガウディ作の建造物です」という内容を伝えたくて、You should see this eccentric building. Gaudí, one of Spain's most famous architects, designed it. と言いました。すると So wonderful. と返答されてから、後の文を It was designed by Gaudí, one of Spain's most famous architects. と修正されたんです。僕の言った英語は能動態、ネイティブの先生は受動態に書き換えただけだから意味は同じだし、どちらでもいいと思うのですが…。It was designed 〜 にした方がいい理由があるのですか？

校長：文法的に間違いというわけではないけど、「情報の流れ」という点では受動態の方が自然だろうね。英語では新しい情報は後へ回し、話し手・聞き手ともに了解事項であると話者が思う語（旧情報）から、文を始めるのがふ

つうだよ。最初の文で You should see this eccentric building. と言ったのだから「このちょっと変わった建物」を代名詞の It（旧情報）にして「それは設計された」の意味で It was designed とし、その上で新情報になる by Gaudí とつないだ方が、「旧 → 新へ」という情報の流れがすっきりして英語らしくなるんだよ。

生徒：そうなんですね。今まで受動態と言えば、「ほぼ同じ意味になるように書き換えなさい」のパターンの書き換え練習ばかりやっていたので見方が少し変わりました。外国語の勉強って面白いですね。ありがとうございました。

Lesson

27 ▶不定詞の原義

ここが
ポイント
！

　語学では「原義」、つまり、「もとの意味」を知って日々の学習に取り組むと、理解の助けになるだけでなく、思考力を鍛える一助にもなります。今回は不定詞です。

🧑‍🎓：通信添削で勉強している英作文の問題で「多くの問題が未解決のままだ」の解答例の中に A lot of problems remain to be solved. というものがありました。remain が「～のままである」という意味であることは知っているのですが、なぜそのようになるのかわからないんです。

👨‍🏫：<u>不定詞の to は「方向」を示す前置詞から由来し、「これから～する方向へ向かう」の意味をもっていて、「未来志向」を表す傾向がある</u>けど、それは知っている？

🧑‍🎓：聞いたことがあります。

👨‍🏫：それなら My father stopped to smoke. と My father stopped smoking some years ago. の違いはわかる？

🧑‍🎓：〈stop to ＋ 動詞の原形 ～〉は「～するために立ち止まる」だから最初の文は「私の父はタバコを吸うために立ち止まった」。〈stop ～ ing〉は「～するのを止める」だから後の文は「私の父は数年前、タバコを吸うのを止めた」だと思います。

👨‍🏫：そうだね。〈stop to ＋ 動詞の原形 ～〉の to が「未来志向」であるのは理解できるかな？

🧑‍🎓：はい。文法的には to smoke は副詞的用法の不定詞であり、smoking は stopped の目的語となっている動名詞です。

👨‍🏫：そう。<u>動名詞は「すでに～した」という「経験志向」、また、「（一般的に）～する」という「一般論」を表す傾向がある</u>よ。では remain to be solved は

どうかな？

生徒：remain は「～のままでいる」、to be solved「解決される」は不定詞で「未来志向」だから remain to be solved は「これから解決されるべき状態のまま」ってことか…。あっ、わかりました！　直訳は「多くの問題は今後、解決されるべき状態のままだ」ですが、意訳すると「多くの問題が未解決のままだ」になるんですね！

校長：その通り。勉強を深めていけば、remember, forget, try, regret 等のように不定詞と動名詞の両方をとるけれども、不定詞と動名詞とでは意味が異なる場合、begin, start, continue, like 等のように不定詞・動名詞のどちらを用いてもほぼ意味が同じ場合、promise, pretend, manage, expect, seek, wish 等のように不定詞のみをとる動詞の場合といったように、いろいろな語法が出てくるから一つひとつ丁寧にインプットするのと同時に、アウトプットする練習もしておこうね。

Lesson

28 ▶be to ＋ 動詞の原形 〜

ここが
ポイント
！

　　be 動詞の後に〈to ＋ 動詞の原形 〜〉が続く、いわゆる「be to 不定詞」には「予定」「義務」「可能」「意図」「運命」など、いろいろな意味があり、文脈に応じた解釈をしなければなりません。

(生徒)：テキストに Nothing was to be heard except the sound of the waves. という英文が出てきて、ネイティブの先生は、Nothing could be heard 〜と has the same meaning とおっしゃっいました。何か特殊な用法なんですか？

(校長)：be 動詞の後に〈to ＋ 動詞の原形 〜〉が続くと、文脈によって「予定」「義務」「可能」「意図」「運命」などの意味をもつことがあるよ。

(生徒)：ということは、ここでは「可能」の意味と考えられるから could に書き換えられたということですか？

(校長)：そうだね。「可能」の場合、be 動詞の後は〈to ＋ be ＋ 過去分詞 〜〉になることが多いよ。内容はわかる？

(生徒)：「波の音以外、何も聞こえませんでした」です。また、テキストの同じレッスンの中に She left Japan fifty years ago and she was never to return. という英文がありました。訳例が「彼女は 50 年前に日本を出て、二度と戻ってくることはありませんでした」となっていたのは〈be to ＋ 動詞の原形 〜〉の「運命」を表していたんですね。

(校長)：「運命」を表す〈was never to ＋ 動詞の原形 〜〉はよく見かける形だよ。

(生徒)：予備校では if 節の〈be to ＋ 動詞の原形 〜〉も頻出で「意志」を表すと習いました。

(校長)：「試験に合格したいなら、君は一生懸命勉強する必要がある」を〈be to ＋ 動詞の原形 〜〉を使って英語にしてごらん。

(生徒)：If you are to pass your exam, you'll need to study hard. ですか？

66

校長：その通り！

生徒：いろいろな使い方があるんですね。be 動詞の後に〈to ＋ 動詞の原形 〜〉があると不定詞の名詞的用法と間違えそうです。何かいい見分け方はありますか？

校長：例えば、Our plan is to study American literature.「私たちの計画は、アメリカ文学を研究することです」のように、不定詞の名詞的用法の場合であれば、Our plan ＝ to study American literature というように S ＝ to 〜 の関係が成り立ち、「予定」「義務」等を表す場合なら S ≠ to 〜 になるのが見極めのポイントかな。

生徒：なるほど…。

校長：ついでだけど、英字新聞の見出し（headline）では、よく Brazilian Minister To Visit Tokyo（A Brazilian minister is to visit Tokyo.）「ブラジル閣僚、東京を訪問予定」のように、「予定」を表す意味で、be 動詞が省略された不定詞が使われているよ。

Lesson 29 ▶ 不定詞の 形容詞的用法

ここがポイント！

不定詞とは〈to + 動詞の原形 ～〉のことであり、名詞的用法、形容詞的用法、副詞的用法に分類されます。中でも形容詞的用法は、修飾する名詞との関係をおさえることが大切です。

⑭：授業でプレゼンテーションをした時に、ネイティブの先生がスペシャルゲストとして参加され、僕のプレゼンテーションについて、Your presentation has left nothing to be desired. と言われました。褒められたような気がするのですが、意味がよくわかりません。

⑭：Your presentation has left nothing まではわかる？

⑭：「あなたのプレゼンテーションは…？？？」

⑭：文型はどうなるのかな？

⑭：has left が V、left は leave の過去分詞。nothing は O です。

⑭：そうだね。では leave は自動詞、それとも他動詞？

⑭：O をとるから他動詞です。

⑭：他動詞 leave の意味はどうかな？

⑭：leave はいろんな意味があってややこしいけど nothing を「モノ」と考えると「モノを残す」だから、ここでは「何も残っていない」ということだと思います。

⑭：そう。では、後に続く to be desired の意味は？

⑭：desire は「～を強く望む」で不定詞の中で受け身になっているから「望まれる」ですか？

⑭：全部をくっつけて訳してみてくれる？

⑭：「あなたのプレゼンテーションには望まれるものは何も残っていない」です。

68

校長：不定詞は未来志向だから「これ以上望むことはない」ということでプラス思考。どんな日本語が適訳だと思う？

生徒：「あなたのプレゼンテーションは申し分ない」

校長：そうだね。よい評価でよかったじゃないか。

生徒：ありがとうございます。まだあります。to be desired は不定詞で nothing にかかる形容詞的用法というのはわかるのですが、その構造がすっきりしないのです。

校長：不定詞の形容詞的用法は、直前の名詞と不定詞の中の動詞の関係をおさえておかなければいけないね。

生徒：そこらへんがあやふやなんです。

校長：名詞が意味上の主語になり、SV 関係となる場合があるよ。さっきの英文は nothing が S、to be desired が V の関係になっているよ。一方、名詞が意味上の目的語になり、VO 関係となっている場合もあるよ。中学でよく出てくる Give me something nice to eat. がその代表例。something が eat の O になっているのがわかるかな？

生徒：はい。文構造の中に含まれる SV 関係や VO 関係、面白い分析ですね。

校長：His decision to become a novelist surprised his parents.「小説家になりたいという彼の決意は両親を驚かせた」のように名詞と不定詞が同格関係になることもあるよ。

生徒：学習しました。教えていただいたことを家に帰ってから復習します。

Lesson

30 ▶不定詞の副詞的用法

ここが
ポイント
！

> 不定詞、つまり〈to + 動詞の原形～〉には、文の中でS、O、Cとなる名詞的用法、後ろから名詞を修飾する形容詞的用法、動詞、形容詞、副詞、文全体などを修飾する副詞的用法があります。ここでは副詞的用法について考えます。

⑭生徒：ペーパーバックを読んでいたら、船から海に落ちて溺れかかっている子どもを助けようと母親が海に飛び込むシーンがあり、How brave of her to jump into the sea to save the child! と表現されていました。意味は「子どもを助けるために海に飛び込むなんて、彼女はなんと勇敢なんだろう！」だと思うんですが、to jump into ～ と to save ～ という二つの不定詞の使い方を教えていただきたいんです。

⑭校長：書いてある通りに意味をとってみようか。How brave of her to ～！は？

⑭生徒：感嘆文だから「～するなんて彼女はなんと勇敢なんだろう！」です。

⑭校長：to jump into the sea が修飾している語は何だと思う？

⑭生徒：brave（勇敢な）という形容詞で、意味は「海に飛び込むなんて」です。

⑭校長：形容詞を修飾する場合、不定詞の用法は何かな？

⑭生徒：副詞的用法です。

⑭校長：そうだね。<u>副詞的用法の不定詞は、動詞、形容詞、副詞、文全体などを修飾する働きがあるよ。</u>なるべく多くの例文にあたり、マスターしていこうね。ここで to jump ～ は「判断の根拠・理由」になっているよ。〈How +（人の性質を表す）形容詞 + of you to + 動詞の原形 ～!〉は、ある人物の行為に対して話し手の主観的評価を述べる言い方だけど、形で覚えておいた方が得策かな。次にいくけど to save the child の意味はどう？

⑭生徒：「子どもを助けるために」です。

⑭校長：「～するために、～するように」というのは「目的」を表す副詞的用法

に分類されているよ。

（生徒）：それはなんとなくわかりました。ストーリーでは九死に一生を得た子ど
もが目を覚ましたところで The child awoke to find himself surrounded by his
mother and a lot of friends. という文が出てくるんですが、to find 〜 は
awoke にかかる副詞的用法と考えていいですか？

（校長）：awoke to find 〜 は「結果」を表し、「目がさめてその結果〜」と訳すん
だね。これは結果の不定詞と言われ、副詞的用法に分類されているよ。意味
はわかる？

（生徒）：「その子どもは目を覚ましたら、母親と多くの友達に囲まれているのが
わかった」です。

（校長）：結果の不定詞の形はある程度決まっているから、覚えていってほしい
な。メディア英語でも文を引き締めるためによく使われるよ。例えば、The
Tigers came from behind to beat the Giants seven to six.「タイガースが逆転
勝ちし、ジャイアンツを 7 対 6 で破りました」などがそうだね。

（生徒）：な〜るほど。

（校長）：文頭に不定詞が置かれた文で復習するよ。To love others, you must love
yourself. を訳せる？

（生徒）：はい。「他人を愛するために自分自身を愛せよ」で、「目的」を表してい
ます。

（校長）：To hear her speak in public, you would think she is a countess. は？

（生徒）：「彼女が人前で話すのを聞けば、彼女が伯爵夫人だと思うだろう」で「条
件」、つまり If you hear her speak in public ということだと思います。

（校長）：よくわかっているね。To be honest, he is a dreamer. は？

（生徒）：「正直に言って、彼は夢想家だ」で、To be honest は熟語みたいなもの
ですか？

（校長）：独立不定詞と言うよ。専門用語を覚える必要はないけど、形はおさえて
おこうね。それにしても君はよく勉強しているね。今後ますます、好奇心を
もって勉学に励んでくれることを期待しているよ。

Lesson

31 ▶ to have ＋ 過去分詞 〜

> **ここが
> ポイント
> ！**
>
> 不定詞の完了形〈to have ＋ 過去分詞 〜〉は、述語動詞より
> も前の事柄を表す時に用いられ、「完了不定詞」とも言われて
> います。

（生徒）：相談に乗っていただきたいことがあって校長室をお訪ねしたら、「会議
中」というプレートがかかっていて、ちょっと待っていたら事務長先生が出
てきました。そして、Sorry to keep you waiting.「待たせてごめんね」と言っ
て、職員の方が持ってこられた書類を受け取って、また中に入っていかれま
した。

（校長）：すぐに対応してあげられなくてごめんね。

（生徒）：とんでもありません。部活に顔を出してからもう一度来たら、ちょうど
扉が開き、教頭先生が出てこられました。私の顔を見るなり状況を察してく
ださり、Very sorry to have kept you waiting so long.「長いこと待たせて本当
にごめんね」と言われました。

（校長）：Thank you for waiting. I hope you are not tired.

（生徒）：ありがとうございます。相談の前に、まずそこで耳にした英語について
教えてほしいことがあります。事務長先生は to keep you waiting. と言われ、
教頭先生は to have kept you waiting とおっしゃったのですが、意味に違いが
あるのでしょうか？

（校長）：鋭い着眼点だね。どちらとも不定詞で表されているけど、<u>to keep you
waiting は「待たせた状態」がまだ続いており、引き続き待ってもらわなけ
ればならないときに使う表現だよ。一方、to have kept you waiting（不定詞
の完了形＝〈to have ＋ 過去分詞〉）は「待たせた状態」が完了しており、も
うこれ以上待つ必要がないときに使う表現。</u>待ち合わせをしていて少し遅れ

た場合などに使う (I'm) Sorry I kept you waiting. を思い浮かべてもらうといいね。

生徒：ということは、事務長先生が言った Sorry to keep you waiting. の背景には会議がまだ続くという前提があり、教頭先生が言った Very sorry to have kept you waiting so long. には会議がもう終わったというニュアンスがあったんですか？

校長：そういうこと。参考までに、これは動名詞で表現する場合でも同じように考えて対応すればいいよ。

生徒：あえて言えば、前者は Sorry for keeping you waiting. であり、後者は Sorry for having kept you waiting. ですね。

校長：そう、ただしこの表現を動名詞で表現する頻度はまれだけれどね。ちなみに、「お待たせしてすみません」については、レストランの店員が客に料理を運んでくる時の「準備ができました、用意ができました」の意味で使う場合や、客を案内する際に待たせていた場合などは、さっき言った感謝を表す表現としての Thank you for waiting.（待ってもらっていることに対する感謝）を使うよ。また、ビジネスなどで「ご依頼した件、どうなっていますか？」に対する「お待たせしてすみません」は、I apologize for the delay.（待たせていることに対する謝罪）といったような表現がある。だから、使用場面を意識して様々な言い方を学ぶことだね。

生徒：はい。でも面白いですね。ますます英語の勉強に興味が湧いてきました。

校長：それはよかった。ところで、君が相談したかったことって何かな？

生徒：はい。実は大学での専攻分野についてなんです…。

Lesson
32 ▶ 不定詞と動名詞

動詞の原形の前に to をつけたものを不定詞といいます。不定詞は、動詞としてではなく、その意味のかたまりが名詞・形容詞・副詞の働きをするのが大きな特徴。内容的にも未来志向的」ニュアンスをもっています。ここでは、不定詞についての基礎・基本と動名詞との違いを学びます。

生徒：この前、不定詞は〈to ＋ 動詞の原形 〜〉と習ったのですが、家に帰って復習すると I go to school. の to とどこが違うのかっていう疑問が湧いてきたんです。

校長：鋭い質問だね。不定詞の to は、もともと I go to school. の前置詞 to からきたものなんだ。前置詞 to の元の意味は「方向」を示すもので、I go to school. なら私が行くのは学校という「方向」ってことを表しているんだよ。

生徒：そうなんですね…。

校長：前置詞 to の後にはふつう、名詞が来るけれど、時とともに変化し、動詞の原形も置かれるようになって、いろいろと混同されながら使われ続けて、今日に至ったというわけさ。

生徒：ということは、I go to school. だったら、「学校に行く」のはこれから先のことなんだから不定詞 to もこれから先の話って考えていいのですか？

校長：鋭いね。不定詞は未来志向なんだ。なかなかやるじゃないか。

生徒：めちゃ嬉しいです。校長先生、ありがとうございます。

校長：それじゃ、頭が冴えているうちに To see is to believe. と Seeing is believing. の違いはわかる？

生徒：不定詞が未来志向なら To see is to believe. は「これから見ることがあるとすれば、きっと信じることになる」つまり、「これから見ればわかるよ」くらいの意味ですか？

校長：うまい、うまい。それでは Seeing is believing. はどうかな？

(生徒)：Seeing is believing. はこの前、教えていただいた動名詞です。動名詞の形は、動詞に見えても意味は名詞だから、以前からずっとそうだったという感じかな？　「これまで見てきたものからして信じなくっちゃ」くらいの意味ですか？

(校長)：冴えているね。不定詞が未来志向であるのに対して、動名詞は過去からずっとそうだったという感じの経験的ニュアンスが強いんだ。だからこの二つの文をよく「百聞は一見にしかず」と訳しているけれど、動名詞の方が意味は近いだろうね。

Lesson
33 ▶need ～ ing

ここが
ポイント
！

〈need ～ ing〉「～してもらう必要がある」や〈be worth ～ ing〉「～する価値がある」という語法は、意味上、主語と～ ing の目的語が同義関係にあり、本来、～ ing の目的語となる語が主語の位置にくるため、目的語が欠けたように見えます。

(生徒)：姉からもらったイギリスの小説を読んだのがきっかけで、毎日、寝る前に英語の本を読むことにしているんです。

(校長)：よい試みだね。是非、続けてほしいな。それで今、読んでいる本のストーリーは面白いの？

(生徒)：はい。親子愛の感動的な物語なので、楽しみながら読み進めることができています。今日はちょっとわかりにくい表現があったので、それを教えてもらいに来たんです。お時間をいただいてもよろしいですか？

(校長)：はい、どうぞ。

(生徒)：ストーリーの中で体の弱い赤ん坊を育てている母親が、仕事の関係上、しばらく家を空けることになり、その時の台詞に He is a bit unwell and needs looking after. という表現があるんです。私としては needs looking after の部分が？？？なんです。

(校長)：どういう意味だと思う？

(生徒)：「彼（赤ん坊）は少し体が弱いので面倒をみてもらう必要がある」ですか？

(校長)：そうだね。

(生徒)：「面倒をみてもらう必要がある」なんだから受動態で needs to be looked after ではないんですか？

(校長)：よい着眼点だね。〈need ～ ing〉は、元々、イギリスで好まれる語法で、基本的には「（ヒト・モノ・場所等が）～される必要がある」という受動の

意味を表すものなんだ。He needs looking after. なら「彼は世話される必要がある → 世話してもらう必要がある → 面倒をみてもらう必要がある」となるんだね。もちろん、君が言うように、He needs to be looked after. と書き換えてもほぼ同じ意味になるよ。

⑭生徒：そうだったんですか。

⑭校長：注意しておきたいこの語法の特徴は、本来、〜 ing の目的語となる語が主語の位置にあるため、目的語が欠けたように見えるところ。似たような例としては、Kyoto, an ancient capital in Japan, is worth visiting many times.「日本の古都である京都は何度も訪れる価値がある」とか He is hard to please.「彼は気難しい人だ」が挙げられるよ。前者は〈be worth 〜 ing〉「〜する価値がある」の語法で、visiting の目的語となる Kyoto が、後者は please の目的語となる him が主語の位置にあるんだね。

Lesson 34 ▶ 配慮表現 couldn't help ～ ing

ここがポイント！

〈can't help ～ ing〉は、help が「～を避ける」の意味で、直訳すると「～することを避けることはできない」ですが、意訳して「～せずにはいられない」と覚えます。今回は、対人的コミュニケーションにおける配慮表現としての〈couldn't help ～ ing〉について考えます。

生徒：数学のテストが思ったほどできなくて、少し落ち込み、困った顔つきをしていた私にネイティブの先生が I couldn't help noticing. Do you have some kind of problem? と優しく話しかけてくれました。

校長：配慮した言い方をされたんだね。

生徒：後の文は「何か問題があるみたいだけど？」とすぐにわかったのですが、最初の I couldn't help noticing. の意味がいまだにわかりません。

校長：〈can't help ～ ing〉の意味は知っている？

生徒：はい。「～せずにはいられない」です。動名詞のところで習いました。

校長：過去形の couldn't を使って表現すると、直訳では「気づかずにはいられなかった」だね。ここでは仮定の意味が強まり、「失礼ですが、気づいたので言わせていただきます」くらいのニュアンスになっているよ。

生徒：過去形を使って現在とは違う、遠いところをイメージさせることによって丁寧な言い方になるということは「p. 128 56 英語の丁寧表現」で学びました。それと同じ考え方でいいのですか？

校長：そう。I couldn't help noticing. は仮定法過去で「気づきを避けようと思っても避けることはできない」が元の意味であり、そこから先ほどの「失礼ですが、気づいたので言わせていただきます」という意訳が生まれるんだね。この表現は、相手に失礼にならないように気づかいながら声かけするときに使うもの。対話の中で、いきなり Do you have some kind of problem? で始めると聞き手にとってぶしつけで、状況によっては唐突な感じになる可能性が

78

あるから、I couldn't help noticing. と切り出すことによって言い方を柔らかくしているんだね。

（生徒）：なるほど。相手への気づかいを表しているということですか…。日本語の気づかい表現と比べてみるととても面白そうです。

（校長）：別の表現で言うと、Do you mind if I ask you something? や It may be a little rude of me to ask this, but に近いかな。では練習といこうか。"I couldn't help noticing. Is that a new tablet PC?" "Yes, it is. Do you want to try it?" はわかる？

（生徒）：「気になるのですが。それは新しいタブレット PC ですか？」「はい。触ってみたい？」ですか？

（校長）：文脈はとれているようだね。I couldn't help noticing. については、ネイティブの印象として、ずっと見ているというわけではないけど、一緒にいると少しは関わってみたいと思うような含みがあるようだよ。

（生徒）：今まで〈can't help ～ ing〉＝「～せずにはいられない」一辺倒でしたけど、どのような場面で使うのかを意識した勉強を心がけていこうと思います。

（校長）：言語の使用場面を意識した取り組みを期待しているよ。

Lesson

35 ▶分詞の前置と後置

ここが
ポイント
！

　　分詞（現在分詞、過去分詞）には、名詞を前から修飾する「前置修飾」と、後から修飾する「後置修飾」があります。基本的には、分詞が単独の場合は「前置」、目的語や補語、あるいはその他の語句を伴って長くなっている場合は「後置」となります。語順については文のルールをおさえた上で、ネイティブの感覚に慣れてください。

生徒：ネイティブの先生が「アメリカのプロのダンサーの女の子」を a professional dancing girl in America、「ステージで踊っている女の子」を a girl dancing on the stage と表現されました。私としては dancing の位置がしっくりいかないんですが…。

校長：現在分詞と過去分詞の違いはわかる？

生徒：はい。現在分詞 ～ ing は「～している」の意味、過去分詞は「～される、～された」の意味が基本です（→ p. 84　37 感情を表す分詞）。分詞が一語だけのときは名詞の前に置いて、長い語が続くときは名詞の後という便宜的な覚え方をしています。

校長：では「踊っている女の子」はどうなるかな？

生徒：a dancing girl です。

校長：そうだね。girl を強く発音すると「踊っている女の子」だけど dancing を強く読むと「踊り子」つまり「ダンサーの女の子」の意味になるよ。

生徒：読み方が変わると意味も変わるんですね。

校長：単語によるけどね。では「プロのダンサーの女の子」を英語にするとどうなるかな？

生徒：a professional dancing girl です。あっ！　それでネイティブの先生が「アメリカのプロのダンサーの女の子」を a professional dancing girl in America と表現して dancing を強く発音されたんですね。

校長：そう。自動詞の現在分詞が名詞の前に置かれると、ふつう a swimming dog「泳いでいる犬」のように動作の途中で一時的な意味を表すことが多いけれども、a dancing girl や a flying fish「トビウオ」のように分詞に強勢を置くと、永続的な特性を表すこともあるんだ。難しく感じるだろうけど、一定数限られている語句だから例文で慣れていこうね。

生徒：はい。では他動詞が現在分詞の場合はどうなるんですか？

校長：他動詞はふつう目的語を伴い長くなるから、名詞の後に置くのが基本。「英語を勉強している生徒」を英語にしてごらん。

生徒：a student studying English です。

校長：そうだね。では「英語で書かれた本」は？

生徒：過去分詞を使って books written in English です。

校長：その調子。では応用編。「落ち葉」って英語で言える？

生徒：「落ち葉」は「落ちてしまった葉」のことだから fallen leaves ですか？

校長：その通り。fall は自動詞だけど、自動詞の過去分詞は完了の意味を表すんだ。だから fallen leaves で「落ちてしまった葉 → 落ち葉」になるんだね。

生徒：勉強になります。分詞が単独で名詞の後に置かれることもあるんですか？

校長：あるよ。those concerned「関係者」とか those polled「調査対象者」などのように、ある時点で動作に重点が置かれた表現がそうだね。そんなに多くはないから覚えておこうね。本題に戻って「ステージで踊っている女の子」はどうなるかな？

生徒：「ステージで踊っている」は「ステージの上で踊っている」ことだから a girl dancing on the stage です。dancing on the stage という意味のかたまりが長く、girl の前に置くところがないから後ろに回っているんですね。

校長：あまりルールに縛られると発話しにくくなるから、実際のコミュニケーションでは間違いを恐れず、積極的に運用してみることだね。「習うより慣れろ」だよ。

Lesson

36 ▶have ＋ Ｏ ＋ 過去分詞

ここがポイント！

〈have ＋ Ｏ ＋ 過去分詞〉には「Ｏを～してもらう、～させる」という「使役」の意味や「Ｏを～される」という「被害」の意味等があります。英語を勉強する上で大切なことは、習った単語や文法がどのような状況で使われているかを理解することです。今回はコミュニケーションに使える英文法を意識しながらこの点にアプローチします。

⑬：校長先生、こんにちは。英語の質問をしてもいいですか？

⑬：何かな？

⑬：さっき、ネイティブの先生に You are cool today. 「今日の君はかっこいいね」と言われたので、I cut my hair at the barber yesterday. と答えたら、少し笑いながら You don't have to go there. 「君はそこに行く必要ないね」と返答されました。僕の表現、これでよかったんですか？

⑬：自分が話した英語をチェックしてもらい、コミュニケーションの可否を振り返るなんてなかなかできることじゃないね。立派。英語学習に対する君の真摯な姿勢、敬服するよ。英語表現について言うと、I cut my hair なら自分で自分の髪を切ったことになってしまうんだ。だからネイティブの先生は「自分で切ったのなら、床屋に行く必要はないんじゃない」という意味で、You don't have to go there. と応対されたんだろうね。もちろん君が自分で切ったわけではないことはネイティブの先生もわかっていると思うよ。君は「髪を切ってもらった」のだから、I had my hair cut at the barber yesterday. と言うべきだね。

⑬：なるほど。〈have ＋ Ｏ ＋ 過去分詞〉を使うんですね。そういえば以前、〈have ＋ モノ ＋ 過去分詞〉で「モノが～される」って習いました。

⑬：〈have ＋ モノ ＋ 過去分詞〉について、もう少し踏みこんで学習してみようか。

生徒：はい。よろしくお願いします。

校長：〈have ＋ O ＋ 過去分詞〉は、「被害」を表すときに使うこともあるんだ。

生徒：へー、そうなんですか？　初めて聞きました。

校長：その場合、強勢は過去分詞にあり、主語は被害を被った人がくるのがふつうだよ。たとえば「旅行先で財布を盗まれた」というときは I had my wallet stolen while traveling. と言うよ。この場合、stolen を少し強く発音するんだ。

生徒：ありがとうございます。僕、習った英語がどんな場面で使われるかとても興味があるんです。

校長：外国語を学ぶ上でとても重要な着眼点だね。言語の使用場面、つまり、英語の情報の流れは文脈理解につながるから、積極的な取り組みを期待しておくね。早速、図書館で英語の情報の流れに関する本がないか検索してほしいな。

Lesson
37 ▶感情を表す分詞

ここが
ポイント
！

> 分詞には「〜している」の意味での現在分詞〜ing と「〜される」の意味での過去分詞があります。ともに、前後から名詞を修飾する場合（分詞＋名詞、名詞＋分詞〜）と補語（SVCの C、SVOC の C）になる場合があります。例えば、a swimming dog「泳いでいる犬」なら、現在分詞 swimming が後に続く名詞 dog を修飾しています。また、A dog is swimming in the river.「一匹の犬が川の中を泳いでいます」なら、現在分詞 swimming が C になっているといった具合。典型的な誤用例としては、「感情」を表す分詞の場合、日本語の干渉から使い方を間違ってしまうことが挙げられます。

🧑‍🎓生徒：模試の誤答分析をしたら分詞に課題があったので、自宅学習をしたのですが、His pointless speech was (① bore), so the audience was (② bore). という英文の（　　）の中の語を最も適当な形にするという問題で、壁にぶちあたってしまいました。意味が「彼の要領を得ないスピーチに退屈させられて、聴衆は退屈していました」だと思ったので、①は bored、②は boring としたのですが、正解は① boring、② bored でした。ここはいまだによくわかっていません。

👨‍🏫校長：きっと日本語の「退屈させられて」から過去分詞、「退屈している」から現在分詞を想定したのじゃないかな？

🧑‍🎓生徒：はい。「〜される」は過去分詞、「〜している」は現在分詞だと思っていたので…。

👨‍🏫校長：日本語の干渉が原因だね。<u>「感情」を表す他動詞の現在分詞は「〜させる」、過去分詞は「〜する」が基本的な意味</u>だよ。ポイントは<u>修飾する名詞との関係で決まること。「名詞が〜させる」であれば現在分詞、「名詞が〜する」であれば過去分詞</u>を使うよ。例えば、a thrilling experience なら名詞で

ある「体験」は、「ぞくぞくさせる」ものだから現在分詞になっているというわけ。

🈷 生徒：そうだったんですか。

🈷 校長：では、先ほどの①と②にあてはまる形はどのようになるかな？

🈷 生徒：「彼の要領を得ないスピーチは退屈させる」ものであるから①は boring、「聴衆」は「退屈する」存在であるから②は bored になります。

🈷 校長：そうだね。このミスのメカニズムは bore を自動詞と思い込み、「退屈する」とインプットしていたこと。結果、日本語の干渉が生じて、boring と bored の区別がつかなくなってしまったのだね。識別のポイントとして、「感情の原因」が主語の場合は現在分詞、「感情を抱く人」が主語の場合は過去分詞がくることもおさえておこうね。

Lesson

38 ▶分詞構文

ここが
ポイント
！

　　英字新聞に代表されるメディア英語では、学校で習った英文法が独特の使われ方をすることがあります。今回は、スポーツ記事や事件の顛末を描写する時によく使われる分詞構文について考えます。

（生徒）：校長先生はいつも英字新聞を読まれているのですか？

（校長）：いつもではないけど、目を通すことは多いよ。

（生徒）：僕、英字新聞のスポーツ記事だけは読むことにしているんです。

（校長）：どうしてスポーツ記事だけなの？

（生徒）：僕は野球が好きで、テレビでプロ野球中継ばかり観ています。それを見た大学生の姉が毎日、読んでいる英字新聞のスポーツ記事のところを切り抜いて、「あなたの好きなプロ野球のことを書いた記事くらい英語で読みなさい」と言って準備してくれたのです。

（校長）：ありがたいね。お姉さんに感謝しなくちゃね。

（生徒）：そうなんです。今、質問してもいいですか？

（校長）：どうぞ。

（生徒）：授業で分詞構文は日常会話ではあまり使わないって習いましたけど、英字新聞では試合の結果を示す記事でよく見かけます。日常会話で使わなくても、この場面では分詞構文というような使い方があるのですか？

（校長）：よい着眼点だね。例文は何かあるの？

（生徒）：はい。ノートに書き留めてあります。Hayato Sakamoto belted two homers, powering the Yomiuri Giants to a 10-1 victory over the Chunichi Dragons. です。

（校長）：意味はわかる？

（生徒）：「坂本勇人選手が２本のホームランを打ち、読売ジャイアンツが中日ドラゴンズを 10 対 1 で破る原動力となった」ですか？

校長：そうだね。分詞構文は副詞句で主文を補足説明する働きがあるけど、英字新聞のスポーツ記事や事件の顛末を表す文章では文を簡潔にして引き締め、流れをスムーズにするためによく使うんだ。ここでは分詞構文 powering 〜 が and powered 〜 の意味になっているよ。

生徒：そのような使い方をするんですか？

校長：そう。新聞の紙面には限りがあるから、トピックはなるべく「簡潔、具体的、正確」が基本なんだ。分詞構文の位置はふつう、文頭、文中、文末だけど、英字新聞の場合は主文の後、つまり文末が多いよ。メディアは、時間的順序で描写するのがふつうだから、分詞構文は「結果」を表すことが一番多いかな。

生徒：よくわかりました。

校長：ところで君、どこか応援しているプロ野球チームはあるの？

生徒：もちろんです！　校長先生はお気に入りのチーム、ありますか？

Lesson
39 ▶ ～ing 形

ここが
ポイント
！

英語の～ing 形には、動名詞、分詞、分詞構文があります。
文の中で、動名詞は名詞、分詞は形容詞、分詞構文は副詞とし
て機能します。中学校では動名詞と分詞までですが、ここでは
～ing 形を「ひとまとめ」にして考えてみることにします。

生徒：校長先生、昨日、英文読解問題の答え合わせをした後、和訳を見たら
　　　～ing を「～すること」って訳してあったのですけど、「～している」の～
　　　ing とどう違うのですか？

校長：よい質問だね。～ing 形にはおおざっぱに言って三つの働きがあるんだ
　　　よ。

生徒：三つも…。

校長：慣れが大切だから説明しようか。

生徒：お願いします。校長先生の英語教室ですね。楽しみにしているんです。

校長：ありがとう。では、Seeing is believing. の意味がわかる？

生徒：「見ることは信じること」ですか？

校長：その通り。Seeing や believing は元々、see や believe という動詞だね。
　　　でもここでは ～ingがついて、「見ること」「信じること」という意味になり、
　　　名詞の働きをしているのがわかるかい？

生徒：はい、なんとなく。is が動詞だから Seeing は主語。主語はふつう名詞
　　　だから Seeing は名詞の働きってことか…。文型は Seeing が S、is が V。be
　　　動詞である is の次に主語を説明する語が続くと C だったから believing は C
　　　で「信じること」と考えればいいのですか？

校長：素晴らしい。その通りだね。このようにもとは動詞でも ～ing がついて
　　　名詞の働きをするものを動名詞と言うよ。動名詞は、文の中で主語、目的
　　　語、補語、前置詞の目的語（前置詞の後に続く動名詞のこと）になるんだ。

⑮徒：動名詞って、もとは動詞でも 〜 ing 形になって名詞の働きをするものなんだ。〈動詞 ＋ 名詞 ＝ 動名詞〉ってことですね。

⑯長：That's right. 同じように 〜 ing 形でも形容詞の働きをするものを分詞、副詞の働きをするものを分詞構文というよ。「〜している」と訳す 〜 ing 形は、正確には、現在分詞といって a sleeping baby「眠っている赤ん坊」のように、baby という名詞を修飾（説明）する形容詞の働きをするんだ。また、a baby sleeping in the bed「ベッドで寝ている赤ん坊」のように名詞を後ろから修飾することもあるよ。さらに、A baby kept crying.「赤ん坊が泣き続けた」のように補語（C）になることも。高校に入ると副詞の働きをする分詞構文を勉強するよ。少しややこしいけれど、今の段階では、とにかく多くの英文にあたって英語の感覚に慣れていくことだね。

⑮徒：ありがとうございます。難しい言葉が出てきてたいへんだけど頑張ります。

⑯長：文法はあくまでも文を作る際のルールだから、文法にとらわれすぎず、読み、書き、聴き、話す英語の４技能をバランスよく勉強していこうね。

Lesson

40 ▶ 文頭にある ～ ing の 見分け方

ここが
ポイント
！

文頭が ～ ing で始まる代表的な英文と言えば、動名詞や分詞構文があります。文脈によっては現在分詞が倒置されていることも。今回はこうした文頭の～ ing の役割の見分け方を考えます。

（生徒）：Breaking the rules will get you in big trouble. と Breaking the rules, you'll get in big trouble. という英文に出合いました。二つとも「規則を破ると大きなトラブルに巻き込まれるよ」のような意味だと思うのですが、Breaking ～ の役割がうまく説明できません。

（校長）：最初の文の Breaking the rules の機能と意味はわかる？

（生徒）：…。

（校長）：文型はどうかな？

（生徒）：V が will get だから S はその前までですか？

（校長）：そう。S は Breaking the rules だね。S は原則、名詞だから Breaking の品詞は？

（生徒）：動名詞です。意味は「規則を破ること」です。

（校長）：そうだね。動名詞は「一般論」（→ p. 74　32 不定詞と動名詞）として述べることが多いよ。後の文の Breaking ～ の機能はどうかな？

（生徒）：you'll get in big trouble「あなたは大きなトラブルに巻き込まれるだろう」という文を補足説明しているから副詞ですか？

（校長）：副詞は動詞、形容詞、副詞、文全体などを補足説明（修飾）するんだね。また、SV のない 2 語以上の意味のかたまりを「句」というからここでは副詞句というのが正しいよ。〈～ ing ...〉が副詞句となる構文は？

（生徒）：…。

（校長）：分詞構文だね。

90

(生徒)：習いました！分詞構文の訳は「〜とき」（時）、「〜ので」（理由）、「〜ならば」（条件）、「〜だけれども」（譲歩）、「〜しながら、〜つれて、そして〜」（付帯条件）などで、文脈によって使い分けるんでした。

(校長)：よく勉強しているね。ここではどうなるかな？

(生徒)：「もし規則を破れば」と「条件」、つまり、If you break the rules の意味で考えればいいと思います。

(校長)：そうだね。Breaking 〜 は前の文では動名詞で文のS、後の文では分詞構文で副詞句の働きをしている。意味的には動名詞は「一般論」であるのに対し、分詞構文は「個別具体的」だよ。分詞構文は会話ではほとんど使わないけどね…。ではメディア英語から応用編といこうか。

(生徒)：お願いします。

(校長)：Attending the conference are officials representing the Ministry of Foreign Affairs, Ministry of Economy, Trade and Industry, and the Bank of Japan. の意味はわかる？

(生徒)：文構造が？？？

(校長)：頭から意味をとってみようか？

(生徒)：Attending the conference「会議に出席している」、are officials「当局者は〜だ」。あっ！これは現在進行形で、Officials are attending the conference が元の文。そして representing 〜 は officials にかかる修飾語句です。

(校長)：そう。メディア英語では主語が長い場合や主語を列挙する場合に、文の調子を整えるためにSVが倒置（語順を変えること）することもあるんだ。

(生徒)：この文は S is doing という現在進行形が倒置されて Doing 〜 is S となっているんですね。ということはこの doing は現在分詞か…。

(校長)：よく理解できているよ。和訳はできるかな？

(生徒)：「会議に出席しているのは外務省、経済産業省、日本銀行を代表する人たちです」です。

(校長)：そうだね。いろいろ出てきたけど、文頭にある 〜ing をまとめてくれる？

(生徒)：S [〜ing ...] V なら動名詞、副詞句 [〜ing] SV なら分詞構文、現在分詞 [〜ing] is S なら進行形の倒置とおさえておきます。

Lesson 41 ▶ 比較の基本的な 考え方

ここが
ポイント
！

日本語で「犬と猫なら〜」とか「洋食と和食なら〜」といった言い方は、すでに自分の好みは決まっているものの、二者を対比しながら結果的に自分の「言いたいこと」をより明確化するために使う手法です。また、「お姉ちゃんと比べてお小遣いが少ない」と言えば、姉を引き合いに出しつつ、「もっとお小遣いがほしい」というニュアンスを言外に含むことがあります。

英語の場合でも物事を対比することによって論点をより明確にする工夫が見られます。文章レベルが高くなればなるほど、文と文、パラグラフとパラグラフの比較に書き手の主張が表れます。今回は、英語における文レベルの「比較」の基本について学習します。

生徒：この前、授業で比較級というのを習ったのですが、ネイティブの先生が授業で Mothers are as busy as bees from morning till night. という英文を出され、頭の中が？？？になってしまいました。

校長：では、I am as old as you. の意味がわかる？

生徒：簡単です。「私はあなたと同じくらい年寄りです」。

校長：そうかな？ 〈as 〜 as ...〉は「程度が同じくらい」と言っているだけだよ。だからこの文では「私」と「あなた」が5歳同士かもしれないし、70歳同士かもしれないんだ。

生徒：それじゃ「私はあなたと同い年」と考えればいいのですか？

校長：その通り。わかってきたようだね？

生徒：はい。

校長：それでは Mothers are as busy as bees from morning till night. はどうなると思う？

生徒：「母親は、朝から晩までハチと同じくらい忙しい」つまり、「飛び回って

いるハチにたとえてもそれと同じくらいお母さんは働いている」ってことで
すか？

校長：そうだね。お母さんの忙しさを働きバチのイメージにたとえて表現して
いるんだ。

生徒：ということは、「母親というものは、朝から晩までとても忙しいものだ」
と訳せば OK ですか？

校長：Good!　理解してくれたようだね。

Lesson

42 ▶倍数表現

ここがポイント！

　　　比較級を用いた倍数表現もよく語順にミスが見受けられますが、一度理解してしまえば、間違えることはなくなります。今回は作文の手順について考えます。

🧑‍🎓**生徒**：私は読書が大好きで、多いときは1週間で2～3冊、いろいろなジャンルの本を読むんです。

🧑‍🏫**校長**：興味・関心がある本の中から、将来の夢や大学で何を勉強すれば夢に近づけるかを見つけられるといいね。

🧑‍🎓**生徒**：はい。読書好きになったのは姉の影響なんです。実は、私の姉も読書が大好きで、時間があればいつも本を読んで、知識を蓄えてビブリオバトルにチャレンジしているんです。全国のいろいろな高校生と友達になるのが楽しみと言っていました。

🧑‍🏫**校長**：よいお手本だね。

🧑‍🎓**生徒**：はい。今日は英語の質問です。この前、友達とチャットをしていて「姉は私の3倍は本を読みます」を My elder sister reads books three times as much as I [me]. と書いたら、My elder sister reads three times as many books as I [me]. じゃないの？と返事がきました。

🧑‍🏫**校長**：結論から言うと、〈as ～ as ...〉に名詞をはさむと 〈X times as many ＋ 可算名詞（複数形）＋ as ...〉、〈X times as much ＋ 不可算名詞（単数形）＋ as ...〉になり、「…のX倍の名詞」という意味になるよ。段階を追って考えてみようか。まず、「私はあなたと同い年です」を英語にしてくれる？

🧑‍🎓**生徒**：I'm as old as you. です。

🧑‍🏫**校長**：では「私はあなたと同じくらい友達がいます」は？

🧑‍🎓**生徒**：「同じくらい～」だから〈as ～ as ...〉を使うけど、「友達」は数えられ

る名詞（可算名詞）だから、I have as many friends as you. です。

校長：では「3倍友達がいます」にすると？

生徒：I have three times as many friends as you. です。あっ！　さっきの間違いがわかりました！

校長：ちなみに2倍は何て言うか知っている？

生徒：twice です。two times も OK って聞きました。

校長：そうだね。ただし、James is twice as old as I [me].「ジェームスは私の倍の年齢です」のように、〈as 〜 as ...〉のときは twice しか使わないよ。基本的には twice でおさえておけばいいんじゃないかな。

生徒：この前、「そのプロの長距離走者は私の3倍の速さで走ります」を英作文する場合、The professional long-distance runner runs three times as fast as I [me]. と The professional long-distance runner runs three times faster than I [me]. の言い方が可能と聞いたのですが、違いはないのですか？

校長：両方とも意味はほぼ同じと言われているけど、ネイティブの感覚では二つ目の as が前置詞に感じられて me とすることも多いんだよ。

Lesson

43 ▶ not so much A as B

> ここが
> ポイント
> ！
>
> 〈not so much A as B〉といえば「A というよりむしろ B」の
> 意味で、〈B rather than A〉に書き換えられると習います。し
> かし、実際の英文にはいろいろなバリエーションがあり、根底
> からわかっていないとケアレスミスにつながります。

生徒：ステイホーム週間で、あまり外出できなかったので、自宅で家族と一緒
にホラー映画を見たのですが、終わってから姉に What's your impression?
と聞いたら、It was not so much scary as exciting. と返してくれました。習い
たての〈not so much A as B〉が出てきたので、「それは怖いというよりむし
ろ刺激的だったよ」という意味がすぐにわかり、嬉しくなりました。

校長：折を見て、英語を使おうとする姿勢は立派だし、習ったことがいかされ
ていて、それを復習できるなんてよい機会だったね。英語でコミュニケー
ションすることを楽しめるようになってほしいな。ところで、今日は質問か
な？

生徒：はい。自分が持っている参考書には、<u>〈not so much A as B〉は「A とい
うよりむしろ B」</u>という意味で、<u>〈B rather than A〉に書き換えられる</u>と公
式みたいに書いてあるんです。なぜそのような日本語になるのか知りたいの
です。

校長：物事の本質を理解しようとする探究心は大切だね。では早速考えてみよ
う。The old castle is not so ruined as we imagined. の意味はわかるかな？

生徒：「その古い城は、私たちが思ったほど破壊されていない」です。

校長：直訳すると「その古い城は、私たちが破壊されていると思った（～ as
we imagined [it was ruined]）状態と等しくない」ということ。つまり、その
古い城について、現在の状況と過去の私たちのイメージを対比しているんだ
ね。ではそこに「程度」を表す副詞 much を加えて not so much ruined as

96

we imagined. とするとどうなるかな？

生徒：「その古い城は、私たちが思ったほどあまり多く（ひどく）破壊されていない」だと思います。

校長：そうだね。だから<u>〈not so much A as B〉の元の意味は「Bと比べてあまり多くAではない、さほど〜ではない」となり、A＜Bの関係になっているのがわかるかな？</u>

生徒：はい。大丈夫です。

校長：The old castle 〜 の例は、〈A is not so much 〜 as B〉でAとBが比較されているのに対し、さっき君が言った It was not so much scary as exciting. のような〈S is not so much A as B〉の場合、共通のSに対し、AとBが比較されているところに違いがあるんだけど、A＜Bが基本であることに変わりないよ。

生徒：原則はよくわかりました。

校長：<u>「AはBほど…でない」と「SはAというよりむしろB」という日本語の違いはあくまでも文構造の違いによるものなんだ。実際、〈not so much A as B〉の形がよく出てくるだけに、公式みたいにして覚えた方が早いのは事</u>実だけどね。

生徒：なるほど。

校長：It was not so much scary as exciting. の場合、It（ホラー映画）について、「怖い＜刺激的」の関係をつかみ、〈S is not so much A as B〉がひらめけばすぐにわかるはずだよ。

生徒：ありがとうございます。<u>〈not so much A as B〉は、〈B rather than A〉や〈more B than A〉に書き換えられる</u>とも学習しました。ここでは It was exciting rather than scary. や It was more exciting than scary. としても意味は同じですか？

校長：基本的にはね。ただし、<u>〈not so much A as B 〉は〈not A but rather B〉「AでなくてむしろB」のように、Aを排してBを強調する意味合いが強い</u>ようだね。<u>また、〈B rather than A〉は、AよりBの方が好ましく、あるいは適しているのでAよりBを選択するニュアンスと言われている</u>よ。いずれにせよ、<u>ライティングで気をつけなければならないのは、AとBが文法的に対等な関係にあること</u>だね。

生徒：文法的に対等な関係？

校長：It was not so much scary as exciting. で言えば、scary と exciting という形容詞が対等な関係。他の例で言うと、You are not so much a journalist as a scholar.「君はジャーナリストというよりはむしろ学者です」なら名詞が対等といったような関係性のことだね。

生徒：対等な関係か…。話は少しそれますが、〈not so much A as B〉から書き換えても同じ意味になるという〈more B than A〉という表現が映画に出てきました。Don't judge him from such a biased view. He is more nice than stupid.「そんなにゆがんだ見方で彼を判断しちゃだめだよ。彼は愚かというよりむしろ愉快な人なんだから」という台詞でしたが、「対等」な関係について考えるとどうして nicer にならないのかという疑問点が解決したような気がします。

校長：鋭い指摘だよ。同一（人）物の異なる二つの特性を比較する場合、形容詞は -er を使わず、〈more ～ than ...〉にするというのも、この原理からきたものなんだね。

Memo

44 ▶ The + 比較級 ～ , the + 比較級 ...

ここが
ポイント
！

〈The + 比較級 ～ , the + 比較級 ...〉で「～すればするほ
ど…」の構文は、特に英作文においてミスの多い項目です。

（生徒）：先日、英語の授業で What's your hobby?「あなたの趣味は何ですか？」
と聞かれたので、My hobby is reading books.「本を読むことです」と答え、
その後、いろいろ会話をして、その中で「より本を読めば読むほど、ますま
す知的になります」と言いたくて、The more I read books, the more I
become intelligent. としたら The more books I read, the more intelligent I
become. と訂正されました。あまり文法にこだわるつもりはないのですが、
自分としてはなるべく正確で、流暢な英語が使えるようになりたいんです。
コツを教えてください。

（校長）：立派な心がけだね。間違いは誰にでもあるもの。〈The + 比較級 ～ , the
＋ 比較級 ...〉「～すればするほど…」の構文は、元の文を考えてみよう。比
較級にすべきところを〈the + 比較級〉にして、その sense group を文の先
頭に出すのが基本だよ。やってみようか。ではまず「私はたくさん本を読
む」を英語にして、文型を考えてみてくれる？

（生徒）：I read many books. です。文型は I が S、read が V、many books が O で
す。

（校長）：比較級にするのはどの部分？

（生徒）：比較級にできる語は many だから、その sense group となる many books
を the more books に変えて文の先頭に出し、The more books I read. にすれ
ばいいかと…。あっ、そうか！　後の文も「私は知的になる」が I become
intelligent. で、文型は I が S、become が V、intelligent が C だから intelligent

に the more をつけて前に出せば the more intelligent I become になるんだ。

な〜るほど。文構造もわかりました。

校長：ではもう一つ。「英語に興味をもてばもつほど、私たちは英語が話され
ている国を訪れる可能性があります」を英語にしてくれる？

生徒：The more interested we get in English, the more likely we are to visit
English-speaking countries. です。

校長：マスターしたみたいだね。その他、The sooner, the better. 「早ければ早
い方がよい」のように、話し手・聞き手の了解事項は SV を省略したりといっ
たバリエーションにも慣れていってもらいたいね。

生徒：はい。頑張ります！

Lesson
45 ▶最上級

ここが
ポイント
！

最上級といえば、三者以上の中で「一番〜、最も〜」を意味するものであり、the -est（the most 〜）〜 の形で表します。今回はその応用編です。

生徒：先日、英語の授業で「日本の首都を東京から移すべきかどうか？」というテーマのディベートをしたのですが、友達が the least easy question for me to answer. と言いました。least が little の最上級ということは知っているのですが、意味がちょっとつかみにくくて…。

校長：<u>副詞の least は「最も〜でない」の意味</u>で、<u>〈the least ＋ 形容詞 ＋ 名詞〉で「最も〜でない名詞」</u>になるよ。

生徒：ということは、the least easy question で「最も簡単でない質問」、つまり、the most difficult question「最も難しい質問」の意味ですね。とっさに判断することができなかったけれど、説明を聞いて友達の発言が「私が答えるには最も簡単でない質問 → 私には最も答えにくい質問」だと理解できました。ありがとうございました。別の質問をしてもいいですか？

校長：どうぞ。

生徒：新型コロナウイルスの影響で休校続きだった学校がやっと再開しました。ネイティブの先生から How has school been going?「学校はどう？」と聞かれたので、Very good. I feel the happiest when I'm in school.「とてもいいです。学校にいる時が一番幸せです」と答えたら、I feel happiest と言い直されました。最上級には the をつけると習ったのですが…。

校長：<u>限定語句があるとき</u>、例えば、I think she is Japan's most popular singer.「彼女は日本で最も人気のある歌手だと思います」のような場合、<u>the は不要</u>だよ。また、<u>最上級が副詞の場合は the をつけても、つけなくて</u>

もどちらでも可。ネイティブによれば、後に名詞が続くことを連想し、「唯一」を明確にしたいときは the をつけるとのことだけれどね。君が言った「学校にいる時が一番幸せです」のように、同一人（物）の異なる性質や状態を比較する、いわば「自己比較」のような場合は形容詞であっても the は不要とされているね。この場合は文の C となるんだよ。

（生徒）：ややこしいですね…。

（校長）：基本的には、三者以上の中で「一番」のときは、最上級によって一人（個）の名詞を「限定」するために the をつけると覚えておけばいいよ。一方、「学校にいるときが一番幸せです」や「この川はこのあたりが一番深い」（This river is deepest around here.）のような場合は、比べる対象がなく、一人（個）に「限定」する必要がないから、the は不要と考えればいいんじゃないかな。

（生徒）：なるほど。この前、Your plan seems by far the better of the two.「二つのうちでは君の計画の方がはるかに優れているようだ」という英文について、the 比較級 of the two は「二者のうちより一方の方が〜」の意味と習いましたが、今のお話を聞いて the をつける理由がわかりました。

（校長）：くだけた表現では the best of the two も可能だけど、書き言葉では better の方が正しいとされているね。もう少し勉強する？

（生徒）：はい。お願いします。

（校長）：最上級に戻るけど、メディア英語では、文意を強めるために、possible や ever とともに形容詞の最上級が頻繁に用いられているよ。例えば、The government has promised to earmark the highest-possible amount of spending for welfare in this year's national budget. はわかるかな？

（生徒）：「政府は今年度の国家予算において、福祉に関して可能な限り、最高額をあてると約束した」だと思います。

（校長）：Good. 上手な訳だよ。ディベートもそうだけど、英語を使った様々な取り組みを期待しているよ。

Lesson
46 ▶否定比較

ここが
ポイント
！

　「富士山は日本で一番高い山です」という意味の最上級表現の英文を「日本に富士山より高い山はない」「日本で富士山ほど高い山はない」「富士山は日本のどの山よりも高い」などに書き換える練習はたくさん経験してきたはずです。今回はそれを活用して、速読のコツを学びます。

生徒：今、教えていただいているネイティブの先生は授業がとても楽しくて、すごくわかりやすんです。どんな時でも丁寧に指導してくださるので英語が大好きになりました。

校長：よかったね。

生徒：でもその先生、この前、体調不良で1日休まれたんです。次の日からいつものように元気に来られ、「頑張りすぎて、風邪をこじらせてしまったけど、もう大丈夫」とおっしゃっていたのでホッとしました。

校長：元気になられてよかったね。私も、先生が倒れたら生徒が悲しむから、健康にだけはくれぐれも留意するようお願いしておいたよ。

生徒：先生のところに行ったら、他のネイティブの先生もおられて Nothing is more precious than health, but nothing is less valued. と言われました。僕の顔をみると、Do you think so? と聞かれました。前半は「健康ほど貴重なものはない」だと思うのですが、後に続く文が？？？なのです。

校長：〈Nothing（No other ＋ 単数名詞）＋ V ＋ 比較級 ＋ than 〜〉や〈Nothing（No other ＋ 単数名詞）＋ V ＋ so ... as 〜〉の形は見たことがあるんじゃないかな。そう、例えば「日本で富士山より高い山はない」を英語で言える？

生徒：No other mountain in Japan is higher than Mt. Fuji. です。中学生の時、Mt. Fuji is the highest mountain in Japan. とほぼ同じ意味だと習いました。

校長：そう。それをヒントに考えてみると、No other mountain in Japan is higher than Mt. Fuji. は、than の後にある Mt. Fuji. を S に置き換えて、比較

級 higher を最上級 the highest にすれば意味がとりやすくなるんじゃないか
な（Nothing [No other ＋ 単数名詞] ＋ V ＋ so ... as 〜 も同様）？

（生徒）：確かに。それなら Nothing is more precious than health は「健康が最も
貴重」、but nothing is less valued は共通語句の than health が省略されてい
ると考えて、Health is the least valued. の意味で「健康が最も重んじられて
いない」となり、「健康より貴重なものはないが、健康ほど軽んじられてい
るものはない」とまとめることができます。

（校長）：コツを覚えたようだね。

（生徒）：最近目にしたわかりにくくてほったらかしにしておいた文の意味が今、
しっかりと理解できました。

（校長）：ほったらかしにしておいた文？

（生徒）：はい、ネイティブの友達との会話で理解できなかった文のことです。聞
き取れない時は聞き直し、スペリングがわからない時は書いてもらっていま
す。否定比較の形では二つありました。一つ目は、ハムスターを持ってペッ
トショップから出てきた僕に、友達が言った No other pet is less ugly than
this. の意味です。

（校長）：君の語学を学ぶ姿勢は素晴らしいものがあるね。友達の言った英語はど
ういうことだと思う？

（生徒）：This を S にして、less ugly を最上級にして the least ugly で意味をとれ
ば「最も醜くない → 最もかわいい」ということになります。

（校長）：そうだね。それで二つ目は？

（生徒）：ネイティブの先生の授業で出てきたアメリカの実業家ジョン・D・ロック
フェラー・ジュニアという人の言葉で、I can think of nothing less pleasurable
than a life devoted to pleasure. がどうして「快楽におぼれる人生ほどつまら
ない生活を私は知らない」と訳されたのかがわかりました。「快楽におぼれ
た生活」を S に置き換え、less pleasurable を最上級 the least pleasurable「最
も気持ちのよいものではない」にして考えるんですね。

（校長）：素晴らしい。

Lesson

47 ▶the last ＋ 名詞 〜

ここがポイント！

〈the last ＋ 名詞 〜〉とくれば、「最後の〜」と考えるのがふつうですが、応用的な意味として「決して〜しそうもない」となることもあります。

（生徒）：英語コミュニケーションの時間に、ネイティブの先生が新型コロナウイルスによる長期の休校措置に対して、「まさかこうなるなんて思いもよらなかった」と日本語で言った後、英語で This is the last thing we would expect. とおっしゃり、居場所をなくした子どもたちが心配だったともつけ加えられました。

（校長）：教師なら皆、同じ思いだったはずだよ。

（生徒）：私も学校が再開して、改めて学校が楽しいところだと思いました。

（校長）：まだまだ厳しい状況が続くけど、毎日を有意義に過ごしていこうね。今日は英語の質問かな？

（生徒）：はい。ネイティブの先生が言った This is the last thing we would expect. がどうして「まさかこうなるなんて思いもよらなかった」になるんでしょう？

（校長）：the last thing の意味はわかる？

（生徒）：「一番最後のこと」です。

（校長）：直訳ならそうだね。辞書で 〈the last ＋ 名詞 〜〉を調べてごらん。

（生徒）：はい。last は late の最上級で「(順序) が一番遅い」、つまり「最後の〜」ですが、それ以外に、〈the last person (thing) to do 〜〉や 〈the last person (thing) SV 〜〉で「最も〜しそうもない人 (こと)」「決して〜しそうもない人 (こと)」という意味もあります。でもどうして否定の意味になるのでしょうか？

校長：〈the last person（thing）to do ～（もしくは [that] SV ～）〉の元の意味は「～する（SV する）としたら一番最後の人（こと）」だけど、そこから「～するにはほど遠い人（こと）→ 決して～しそうもない人（こと）」と応用的に用いられて、否定の意味になっているんだね。This is the last thing we would expect. を直訳してみてくれる？

生徒：「これは私たちが想定するとしたら一番最後のこと → 想定するにはほど遠いこと → 決して想定しそうもないこと」…わかった！　それで「まさかこうなるなんて思いもよらなかった」になるんですね。

校長：そう。ではこれを参考にして「それは私が君に決してしてほしくないことです」を英語にしてくれる？

生徒：That's the last thing I'd expect you to do. だと思います。

校長：マスターしたようだね。では基本にかえって This seems to be the last chance to climb Mt. Fuji. を訳してくれる？

生徒：「これが富士山に登る最後のチャンスのように思えます」です。

校長：よくわかっているね。last の使い方はチェックしておこうか。例えば、last year と the last year の違いはわかる？

生徒：last year は「去年」、the last year は…。

校長：形容詞 last は「この前の、前回の」の意味だから、last year は「この前の年、前回の年 → 去年」になるけど、the last year になると last が late の最上級で、「順序」を表すから「一番最後の 1 年 → 最も近い 1 年 → 直近の 1 年 → ここ 1 年」となるんだね。

生徒：なるほど。面白いですね。もう一つ聞いていいですか？

校長：どうぞ。

生徒：この前、Underline the last syllable but one. という文を耳にしたのですが、どのように考えたらいいのでしょうか？

校長：the last syllable but one を直訳すると「一番最後の一つを除いた最後の音節」だから「最後から 2 番目の音節に下線を引きなさい」になるよ。ちなみに but は前置詞で「～を除いて」の意味、the second last syllable と言い換えられるね。

生徒：last but one が「最後から 2 番目」になる理由がやっとわかりました。

Lesson
48 ▶ 比較表現における よくある間違い

次の誤答の英文は、生徒が実際に書いたものです。比較級におけるよくあるミスのメカニズムを理解して、文法的に正しい英文が書けるようになってほしいものです。このレッスンでは、ライティングで間違いやすいところをピックアップしてみます。

① 「レナは私と同い年です」

× Rena is as age as I.

○ Rena is as old as me.

「レナは～と同い年です」は Rena is as old as ～ です。文として Rena is age.「レナは年齢です」が成り立ちませんから Rena is as age as ～ は不可。

［**参考**］下の二つの英文の違いにも注意が必要です。

(1) He loves you as much as I.　　(2) He loves you as much as me.

(1)は比較対象が主格の He と I、内容的には He loves you as much as I (love you) のことで、「私があなたを愛しているのと同じくらい、彼はあなたを愛している → 私も彼もあなたを愛している」の意味。(2)は比較対象が目的格の you と me、内容的には He loves you as much as (he loves) me. のことで、「彼は私を愛しているのと同じくらいあなたを愛している → 彼が愛しているのは私とあなただ」の意味になります。

② 「君と同じくらいお金を稼ぎたい」

× I want to earn as money as you.

○ I want to earn as much money as you.

〈as ～ as ...〉に名詞をはさむと〈as many (much) ＋ 名詞 ＋ as ...〉となります。money は不可算名詞ですから、ここでは much を用います。

③「私はあなたの３倍の数の本を買った」

　× I bought books three times as many as you.

　○ I bought three times as many books as you.

　倍数表現は、〈X times as ～ as ...〉「... の X 倍～」という意味。～に名詞をはさむ場合、〈X times as many（much）＋ 名詞 ＋ as ...〉とします。books は可算名詞の複数形ですからここでは many を用います。

④「京都では１月よりも２月に雪が多く降る」

　× In Kyoto we have more snow in February than January.

　○ In Kyoto we have more snow in February than in January.

　than の後に続く語句には省略や倒置が起こります。繰り返しを避けるために、前に書いてある共通語句を省略します。〈前置詞 ＋ 名詞〉は「意味のかたまり」なので in は省略できません。than（we have snow）in January と、we have snow の省略を見抜いてください。

⑤「そのニュースを聞いたとき、腹が立つというよりはむしろ悲しかった」

　× I was sadder than angry when I heard the news.

　○ I was more sad than angry when I heard the news.

　同一人物の異なる性質や状態を比較する場合は〈more ～ than ...〉を用います。

⑥「私はもっと多くの友達がほしい」

　× I want to have much more friends.

　○ I want to have many more friends.

　friends が可算名詞の複数形ですから many more friends とします。比較級を強める語 ＝ much という思い込みに注意！

⑦「富士山は日本の他のどの山より高い」

　× Mt. Fuji is higher than any other mountains in Japan.

　○ Mt. Fuji is higher than any other mountain in Japan.

　〈比較級 ＋ than any other ＋ 単数名詞〉ですから mountain とします。Mt.

Fuji is the highest mountain in Japan. と書き換えることもできます。

⑧「これは今までに見たこともないようなすばらしい光景だ」

× This is the most wonderful scenery that I have never seen.

○ This is the most wonderful scenery that I have ever seen.

「今までに見たこともないようなすばらしい光景」を英語で表すと「今まで見た中で最もすばらしい光景」という発想になります。

⑨「情報が多ければ多いほど、不安は減る」

× The more we get information, the less we feel uneasy.

○ The more information we get, the less uneasy we feel.

〈The ＋ 比較級 ＋ SV 〜 , the ＋ 比較級 ＋ SV ...〉の場合、「元の文」を考えることが大切。ここでは、We get much information. と We feel a little uneasy が「元の文」であり、「意味のかたまり」となる much information、little uneasy を比較級 the more information、the less uneasy に変えて文頭にもっていくと完成です。

⑩「外はだんだん暗くなりつつある」

× It is getting more and more dark outside.

○ It is getting darker and darker outside.

〈比較級 ＋ and ＋ 比較級〉は「ますます〜、だんだん〜」の意味です。dark の比較級は darker ですから darker and darker とします。

⑪「日本で二番目に高い山を知っていますか？」

× Do you know what the second high mountain in Japan is?

○ Do you know what the second highest mountain in Japan is?

「X 番目に〜」は〈the ＋ 序数 ＋ 最上級 ＋ 名詞〉で表します。この表現の語順に慣れてください。

⑫「紅茶よりコーヒーが好きです」

× I prefer coffee than tea.

○ I prefer coffee to tea. もしくは I like coffee better than tea.

　〈prefer A to B〉は「B より A が好きです」の意味で、〈like A better than B〉とほぼ同義。prefer を使うなら than ではありません。日本語に引きずられないようにしましょう。

49 ▶クジラ構文って？

> **ここがポイント！**　昔から「クジラが魚でない」ということを言いたいがために「馬が魚と言える？」というようなあり得ない話を引き合いに出して、〈no more ～ than ...〉で表したものを「クジラ構文」と呼んでいます。しかし、「機械的」な暗記では本当にわかったことにはなりません。今回は「クジラ構文」の根底からの理解を図ります。

(生徒)：A whale is no more a fish than a horse is. が「クジラは馬同様、魚でない」の意味で、〈A is no more B than C〉は「A は C 同様 B でない」と習ったのですが、根本がわかっていないので応用が利きません。先日もネイティブの先生が「私の家はマッチ箱くらいしかない」を My house is no bigger than a matchbox. と英語にされたのですが、ピンとこないし、完全に自分のものにしている気がしないのです。

(校長)：〈A is no + 比較級 + than B.〉は元々、not の強い形で「A は B に比べて～であることは絶対にない」の意味だけど、「クジラ構文」は、ふつうならあり得ない、可能性ゼロのことを B にたとえて引き合いに出し「A が～である可能性は B が～である可能性より大きくない → A と B の差がない」ことを示す言い方なんだね。My house ～ の文では何と何を比べている？

(生徒)：「私の家」と「マッチ箱」です。あっ！　たとえ話だ…。

(校長)：そう。「私の家」と「マッチ箱」の大きさに「差」がないということは？

(生徒)：「小さい」ということです。だから「私の家はマッチ箱のように小さい」の意味。つまり、no bigger than は as small as のことか…。

(校長)：わかってきたようだね。それなら A whale is no more a fish than a horse is. は何と何を比べているの？

(生徒)：「クジラ」と「馬」ですけど、どちらも「魚」じゃないからこれもたとえ話。ということは「クジラ」も「馬」も「差」がないのは「魚でないとい

うこと」だから「クジラも馬同様、魚でない」となるんですね。

校長：飲み込みが早いね。ちなみに no は〈not ～ any ...〉と同義だから A whale is not の次はどうなるかな？

生徒：a fish any more than a horse is. としても、no more a fish ～ とほぼ同じ意味です。

校長：その通りだね。では応用編。I can no more swim than a stone can. の意味はわかる？

生徒：これも I と a stone を比べたたとえ話。だから「私」と「石」は「泳ぎ」に「差」がないということになるから「私は泳ぎが全くダメ、つまり、カナヅチ」っていうことですか？

校長：そう。習熟してきたね。さらに進むよ。The contract is no better than trash. なら？

生徒：「契約書」と「ゴミ」の比較でたとえ話だから「その契約書はゴミと差がない」つまり、「ゴミ同然だ」になるんですね。それで熟語集に〈no better than ～〉が「～と同然」と書いてあったんだ！　理屈がわかって覚えると頭に入りやすいです。

校長：根本を理解したみたいだね。

生徒：はい。

校長：基本に立ち戻ってみようか。We were no more conscious of the subtle change in her attitude than he was. の意味はわかる？

生徒：これは「クジラの構文」でなく、優越の比較だから「私たちは彼以上に彼女の態度の微妙な変化に気づいてはいなかった」です。

校長：よくわかっているね。「クジラ構文」も元々は、「A は B に比べて～てあることは絶対にない」という意味から来たものであることをおさえておくと、理解の助けになるよ。

Lesson

50 ▶ 仮定法の原理

ここが
ポイント
！

人間は感情の動物と言われます。人は誰でもその日の「気分」によって、happy になったり、落ち込んだりするものです。

英語では話し手がどのような気持ちを抱いているかを表す動詞の形を「法」（mood）と言います。英語の「法」には、事実を述べる「直説法」、頭の中で考えたこと、想像や願望などの非現実的なことを述べる「仮定法」、命令文に代表される「命令法」があります。ここでは、頭の中で考えた、非現実世界とも言える「仮定法」について考えます。

校長：おはよう！　とても気分がよさそうだね？

生徒：はい！　ロンドンに 1 年間、留学していた姉が帰ってきて、昨日、家族みんなでレストランに行ったんです。姉のイギリスでの話、すごく面白かったし、家に帰ってから英語も教えてもらいました。

校長：それはよかったね。お姉さんは確かうちの卒業生だったね。

生徒：はい。大学では工学部の 3 年生で、1 年間、イギリスの大学に行くチャンスがあったと言っていました。

校長：今やグローバル社会。機会があればどんどん海外に行ったほうがいいね。

生徒：はい。留学しているいろいろな国の大学生の人たちはとてもよく勉強していて、授業も課題を与えられて、グループをつくって調べてきたことを発表するって言っていました。意見交換できるようになるまで半年もかかったみたいです。外国に行ったら、そんな授業ばかりなんですか？

校長：全部とは言わないけれど、ディスカッション形式は多いよ。

生徒：今、中 2 ですけど、中 3 の修学旅行は確かロンドンですよね。

校長：そうだね。学年の先生方がもう準備を始めてくれているよ。

生徒：早くロンドンに行きたいなあ。

校長：ところで、お姉さんから英語を教えてもらったって言ってたけど、何を

習ったの？

（生徒）：仮定法です。難しかったです。

（校長）：仮定法は高校で勉強する内容だよ。早すぎない？

（生徒）：姉が高校時代に使っていた英語の参考書をくれて、たまたま読んでいたところが仮定法で難しそうだから聞いただけです。

（校長）：それでわかった？

（生徒）：現在の事実に反する仮定が仮定法過去だって。例文を暗記しなさいって言われました。でも現在のことなのになんで過去形になるか理解できないままです。仮定法って会話のどんな場面に使うんですか？

（校長）：さっき、「早くロンドンに行きたいなあ」って言ったよね？

（生徒）：はい。

（校長）：「早くロンドンに行きたいなあ」を英語で表すと I wish I could go to London early. となり、これが仮定法なんだ。

（生徒）：へー。なぜですか？

（校長）：君は今、中２だし、早くロンドンに行きたいと言っても行くのは来年だろ。

（生徒）：はい。

（校長）：このように、今はできないけれど、英語で願望を表現したいときに使うのが仮定法なんだ。もう一つ例を出すと「スーパーマンのように飛べたらなあ」は、I wish I could fly like Superman. となる。実際、スーパーマンじゃないから飛べるわけないけど、願望として表現するなら仮定法を使うというのが理屈。

（生徒）：そうだったんですか。

（校長）：話しているのは今、つまり現在なのに could fly と過去形になっているところに気がついた？

（生徒）：はい。そこが一番知りたいところなんです。願望を表したい場合、I wish の後に仮定法が続くのはわかりましたけど…。

（校長）：願望や現在の事実とは反対の事柄を示すとき、英語の世界では現在から遠く離れているということで、現在形ではなく、過去形を用いるんだ。それが「現在の事実に反する仮定が仮定法過去」のポイントだよ。

（生徒）：よくわかりました。

51 ▶If 仮定法

仮定法には、if 節が仮定法過去完了〈If + S + had + 過去分詞 ...〉、主節が仮定法過去〈S + would［could, might, should 等］+ 動詞の原形〜〉に対応する、いわゆる「混合型」があります。今回はその応用編です。

生徒：先日、洋画を見ていたら、主人公である少年が母親に If I knew, I would've told you before. と発言する場面がありました。意味は「知っていればとっくに言ってるよ」くらいだと思うのですが、If 節が仮定法過去、主節は仮定法過去完了という形を初めて知りました。その「逆」は習ったのですが、このような言い方があるのですか？

校長：その「逆」というのから考えてみようか。「もしあの時、私たちの助言を受け入れていれば、今、困っていないのに」を英語にできる？

生徒：If you had taken our advice at that time, you wouldn't be in trouble now. だと思います。

校長：そうだね。「もしあの時 …」は過去の事実に反する仮定だから仮定法過去完了、「今、困っていないのに」は現在の事実に反する仮定だから仮定法過去の形で対応するんだね。

生徒：はい。よくわかります。

校長：では本題。洋画のストーリーの中で少年はどのような状況に置かれていたの？

生徒：冷蔵庫にあったケーキをこっそり食べたのは少年だと思い込んでいる母親から「冷蔵庫のケーキを食べたのは誰なの？」と問われ、身に覚えのない少年が反論する場面です。

校長：身に覚えがないのなら現実の話じゃないんだよね。

生徒：ということは仮定法ですね。

校長：そうだね。冷蔵庫のケーキを誰が食べたのかはわからない状態が続いているわけだから視点は「現在」にあるね。

生徒：だから仮定法過去を使って If I knew。そうか！　「その時だって知らなかったし、今だって当然知らない」のだから、仮定法過去完了に対応させて I would've told you before. になるんですね。

校長：事実に基づく「直説法」に対して、「仮定法」はあくまで話者が非現実的だと思っていることや願望表現に基づくんだ。仮定法過去は、現在の事実に反する仮定や現在、または未来において起こりそうもないと話者が考えることを表すときに使うもの。What would you do if you were me?「もしあなたが私ならどうする？」などがそうだね。仮定法過去完了は？

生徒：過去の事実の反する仮定です。

校長：そう、全体像はよくつかめているようだね。その他、日常会話では、I'll tell my dad you're calling.「お父さんにあなたから電話があったことを伝えておくよ」Yes, if you would.「ええ、お願いします」のように、丁寧表現で if 節だけを用いることもあるよ（→ p. 114　50 仮定法の原理）。

生徒：話者同士での了解事項や、言わなくともわかる語句を省略する方が効率化につながりますね。

Lesson 52 ▶ 未来のことに対する仮定

未来の事柄を表す仮定表現には、〈If + S + should 〜〉と〈If + S + were to〉があります。ここではその違いとコミュニケーションを意識したアプローチを行います。

（生徒）：校長先生、僕は小学校からずっとバスケットボールを続けているんですけど、この前、ある有名選手の引退試合に行ってきました。大ファンなんです。

（校長）：バスケットが好きなんだね。スポーツに熱中することは今後の人生にも絶対プラスになると思うよ。引退試合はどうだった？

（生徒）：はい。アメリカの選手なんですけど、If I were to live again, I'd like to be a basketball player.「生まれ変わるとすれば、バスケットボールの選手になりたい」と言っていました。また、次の世代の選手に贈る言葉として、Try again and again, if you should fail.「失敗しても何度何度もやってみなさい」とも。短い言葉でしたが、印象に残りました。

（校長）：よい機会を得たね。

（生徒）：はい。それで今日は〈If + S + were to 〜〉と〈If + S + should 〜〉の使い方を調べたのでチェックしてほしいのです。〈If + S + were to 〜〉は可能性がない場合、〈If + S + should 〜〉が少しは可能性がある場合という理解でいいですか。

（校長）：大雑把に言うとそうだね。〈If + S + were to 〜〉は Even if the sun were to rise in the west, I wouldn't 〜「たとえ太陽が西から登っても、私は絶対に〜しないだろう」みたいに実現可能性ゼロの場合に使う表現だね。

（生徒）：それで、人間が生まれ変わる可能性はないのだから If I were to live again, なんですね。

校長：〈If + S + were to〉の were to は be to 不定詞からきたもの（→ p. 66 28 be to ＋動詞の原形〜）だけど、婉曲的で丁寧な依頼表現として、If I were to buy an English dictionary, which would you recommend?「もし英語の辞書を買うとしたら、どれをお勧めでしょうか」や It might be better if you were to attend the meeting.「あなたはその会合に出席された方がよいかもしれません」などの使い方もあるよ。

生徒：そんな使い方もするんですか？　過去形になっているのは時制を過去にし、現在から遠ざけることによって婉曲的イメージを与えているんですね。

校長：よく勉強しているね。それと〈If + S + should 〜〉については、実現する可能性はあるけど、その可能性が低いと話者が考えている場合と「遠慮がち、ためらいがち」に何かを言う場合にも使われる表現だよ。〈If + S + (should) happen to + 動詞の原形 〜〉に近い意味だと言えるね。そう、例えば、If you should happen to win a prize in a contest, what would you do?「コンテストで賞金を取ったらどうされますか」なんかがそれにあたるね。

生徒：あのバスケットの有名選手の日頃の振る舞いからして、〜 if you should fail. はその類いだったと思います。ためになりました。

Lesson

53 ▶ これも仮定法？

ここがポイント！

仮定法は if で始まるとは限りません。if 節が不定詞、分詞構文等で代用されるなど、いろいろな表現方法があります。今回は多様な仮定法を考えてみましょう。

生徒：この前の英会話の授業のテーマが「北海道三大夜景」でした。

校長：北海道三大夜景ってどこか知っている？

生徒：はい。函館山からの函館の夜景、藻岩山からの札幌の夜景、天狗山からの小樽の夜景ですよね。

校長：よく知ってるね。

生徒：函館山から夜景を見たことがあるのですが、とても素晴らしかったです。感動しすぎて泣いていた人もいました。

校長：素晴らしい思い出だね。

生徒：はい。その時オーストラリア人の友達も一緒にいたのですが、僕が This is the most beautiful night view I've ever seen.「これまで見た中で一番美しい夜景だ」と言ったら、彼はニコニコ笑いながら、Good! サインを出して、I couldn't agree more. と言っていました。どうして否定文で I couldn't agree more. と言われたのかがわかりません。

校長：類推できる？

生徒：Good! サインを出したのだからよい意味だと思うのですが、なぜ「同意できなかった」になるのかは？？？です。

校長：この文の意味は「同意できなかった」という過去の否定文ではないよ。

生徒：えっ…。

校長：仮定法過去で「もし～ならば」の意味が文の中に隠れているんだ。

生徒：どういうことなんですか？

120

校長：I couldn't agree 〜 の否定と肯定をひっくりかえして仮定法過去の if 節「もし〜ならば」にあてはめてごらん。

生徒：「もし同意できるとしても」ですか？

校長：そうだね。そのまま I couldn't agree more. につないで。

生徒：「もし同意できるとしても、これ以上の同意はできません」。

校長：「これ以上の同意はできない」ってどういうこと？

生徒：あっ！わかりました。「（あなたと）同じ考え、つまり同感」のことだと思います。

校長：そう。「全く同感」ということだね。

生徒：仮定法と言えば if のイメージが強かっただけに、文に if 節が含まれているなんて思いもよらなかった…。

校長：〈couldn't ＋ 原形 〜〉に比較級が続くと、このケースになることが多いよ。例えば、How are you doing? に対する（I）couldn't be better. という応答がその典型。文全体の否定と肯定をひっくりかえして if 節にあてはめると、「もしもっとよくなろうと思ってもこれ以上、よくなることはあり得ない」つまり「最高」の意味になるところがポイントだね。

生徒：よーくわかりました。

Lesson

54 ▶ 仮定法現在

> **ここが ポイント！**
>
> 「主張・提案・要求」などを表す動詞の目的語となる that 節については〈S +（should）+ 動詞の原形〜〉と学習します。各種検定試験等にもこの動詞の原形を問う設問がよく見られます。今回は、なぜ動詞の原形を使うのかという点について考え、応用編にもチャレンジします。

生徒：今、英字新聞を定期購読していて、自分の興味のある記事や最新ニュースを切り取ってノートの左側に貼り、その中でも重要だと思う言い回しや語法はノートの右側に書き出すようにしているんです。

校長：立派な取り組みだね。是非、続けてほしいな。今日は、その中に出てきた英語についてだね。

生徒：はい。例えば、The opposition party insisted that the prime minister resign immediately.「野党は、総理は直ちに辞職すべきだと主張した」とか The company refused the workers' demand that their wages be increased.「会社側は労働者の賃上げ要求を拒絶した」などの resign や be が、なぜ原形のままなのか理解を深めたいのです。

校長：ぱっと例文を出せる力はたいしたもんだよ。質問のことだけど、自分で調べてみたの？

生徒：一応…。「主張」「提案」「要求」などの意味の動詞に続く that 節の場合や〈It is + 形容詞 + that 節〉で、形容詞が「重要、必要」などの意味をもつ場合は、〈S + should + 動詞の原形〜〉が続き、should は省略できるということ、そして内容的にはまだ実現していない未来の話だということまでわかりました。参考書には「仮定法現在」と書かれてありました。

校長：この語法は文語体、つまり、書き言葉として使われることが多いものだね。古い英語では、頭の中で考えていること、想像していることを表す時には動詞に時制を与えず、原形で表していたんだ。その影響が今でも残ってい

るのがこの「仮定法現在」と呼ばれるもの。もちろん、頭の中で考えていて、想像していることだから「まだ実現していない」、現在もしくは未来の不確実な仮定を表しているということになるね。イギリス英語では should をつける傾向があるけど、アメリカ英語でも用いられるようになってきているよ。ただ should をつけると、動詞の原形を使うより「〜すべき」という意味が強くなるから、「きつく」聞こえることもあるのは事実だよ。便宜的には should が「省略」されているというおさえ方でいいけど、厳密に言えば、should は省略されているのではなく、後から追加されたというのが正しいんだ。

(生徒)：原形を使う理由がわかりました。とても勉強になります。

(校長)：さっき口頭で言ってくれた The opposition party insisted 〜 で言えば、「総理が辞職すること」は未定の事柄、The company refused the workers' demand that 〜 で言えば、「労働者の賃上げ要求」がどうなるかは未定だったけど、結果的に「拒絶された」というニュアンスだね。ただ、最初から事実に基づくことを述べる場合は直説法だから、機械的な覚え方はせず、「実現するかどうかわからないこれから先の話」なら〈insist that S ＋(should) ＋ 原形〜〉、事実に基づく言い方なら〈insist that SV 〜〉というような覚えた方がいいんじゃないかな。

(生徒)：そうします。問題を出してください。

(校長)：「医者は彼にしばらく休息をとるようにと強く言った」と「その男の子はいたずらしたのは自分ではないと言い張った」を insist を使って表してごらん。

(生徒)：最初の方はこれからの話だから、The doctor insisted that he (should) take a rest for a while. で、後の方は事実をベースにしているから The boy insisted that it wasn't him who played a prank. だと思います。

(校長)：よくわかっているね。もう一つ、It is desirable that you do everything by yourself. の意味とニュアンスはわかる？

(生徒)：意味は「なんでも自分の力でやることが望ましい」で、聞き手に対して、願望の気持ちを間接的に伝えていると思います。

(校長)：Great!　素晴らしい言語感覚だよ。この調子でアダプティブ・ラーニングを進めてね。

Lesson 55 ▶as if ～

ここが
ポイント
!

　　〈as if + 仮定法〉が「まるで〜」という意味であることは周知ですが、〈as if + 直説法〉や as if を用いた他の様々な用例を知ることもまた重要です。

㉓：ライティングの授業で、ネイティブの先生が「君はその件についてなんでも知っているかのような口ぶりだね」を You talk as if you knew everything about the matter. と英訳されました。もう一文、「どこかで誰かの携帯電話が鳴っているように聞こえるんだけど」を It sounds as if someone's cellphone is ringing somewhere. とされました。最初の方は〈as if + 仮定法過去〉だとわかるのですが、後の方の使い方がイマイチなんです。

㉓：as if ～ は物事を何かにたとえて表す言い方だね。最初の方だけど、〈as if + 仮定法過去〉がどのように使われるか自分の口で説明できる？

㉓：「まるで〜であるかのように」の意味の時です。

㉓：意味はそう。仮定法過去だから現在の事実とは異なる、つまり、「実際にはそうではないけれど」というニュアンスが含まれているんだね。「現在」に視点を置いて「まるで〜のように」なら〈as if + 仮定法過去〉、「過去」に視点を置いて「まるで〜であったかのように」なら〈as if + 仮定法過去完了〉。ここでは、「その件についてなんでも知っていることなんかあり得ないけど…」というニュアンス。You talk as (you would talk) if you knew everything about the matter. から来たものと考えれば、わかりやすいんじゃないかな。

㉓：な〜るほど。そういう見方もあるんですね。

㉓：確認といこうか。過去に事件があったにもかかわらず、平然としている相手に向かって「君はまるで何もなかったかのように振る舞うね」と言う

シーンを想定して英語にしてごらん。

🧑‍🎓：「何もなかったかのように」は過去に視点があり、事件があったにもかかわらず、何事もなかったかのような振りをしてという過去の事実とは異なる内容ですね。〈as if + 仮定法過去完了〉を使って You behave as if nothing had happened. とすればいいと思います。

🏫：そうだね。〈as if + 仮定法〉はフォーマルな言い方で、実際、日常会話では直説法も使っているよ。本題に移ろうか。as if someone's cellphone is ringing somewhere. は〈as if + 直説法〉になっているけど、話者が「確信」をもったことを伝えたい場合は直説法を使うというだけの話。ここでは話者が「どこかで誰かの携帯電話が鳴っている」ことを確信してるから直説法を用いているということ。as if ときたら仮定法という機械的な暗記ではなく、話者の「気持ち」になって考えてみることが大切だよ。また、as if と同じような意味のものに as though もあるけど、くだけた言い方では、It sounds like someone's cellphone is ringing somewhere. のように、〈like + 直説法〉で表現することが多いよ。

🧑‍🎓：面白いですね。もう少しお願いします。

🏫：いろいろな例文で考えていこうね。例えば、食いしん坊の息子に対して、お母さんが Don't eat as if there was no tomorrow. と言ったとしようか。意味はどうなると思う？

🧑‍🎓：as if there was no tomorrow は「まるで明日がないかのように」、つまり「後先のことを何も考えず」のことだから「食べすぎてはダメよ」ですか？

🏫：大丈夫だね。続いて、He opened his mouth as if to say something and shouted as if in panic. は？

🧑‍🎓：意味は「彼はまるで何か言いたげに口を開き、パニックに陥っているかのように叫んだ」で、as if he were [was] to say something. と as if he were [was] in panic. のことだと思います。

🏫：そう。as if の後に〈S + be 動詞〉が省略されていると考えるとわかりやすいね。では、Why doesn't he buy a PC?（なぜ彼はパソコンを買わないの？）に続く It's not as if he had no money. はどうかな？

🧑‍🎓：その言い方、知っています。〈(It's not) as if 〜〉は「〜じゃあるまいし」だから「お金がないわけじゃあるまいし」です。

校長：よく勉強しているね。「状況として〜にたとえるようなものではない」から来た表現だね。もう一つ追加。Does he do his homework every day?「彼は毎日、宿題をしますか」に対して As if! と答えた場合の意味はわかる？

生徒：確か、As if! は映画かなんかで流行った言い方だって聞いたことがあります。意味は…。

校長：As if! は相手の発言内容に現実味がなく、あくまで仮定の話にすぎないと切り返すときに使う表現で「まさか！」「そんなわけない！」「信じられないよ！」などの意味になるよ。ここでは「まさか彼がそのようなことする（毎日、宿題をする）なんてあり得ない」のことで (It's not) as if he would ever do a thing like that! (← 〜 as if he did his homework every day.) に言い換えられるかな。

Memo

Lesson

56 ▶英語の丁寧表現

> **ここがポイント！**
>
> 英語では、丁寧な言い方をする場合に過去形を使うことがよくあります。I would like to 〜「〜したいのですが」や Could you 〜?「〜していただけないでしょうか」がその典型です。ここでは I was wondering if 〜 について考えます。

生徒：今朝、いつも乗っている電車で、私の前に英語のネイティブのお年寄りが二人来て、つり革を持って立っていました。席を譲ろうとして Please have a seat. 「どうぞおかけください」といったら We are getting off soon but thanks anyway.「ありがとう。もうすぐ降りるから大丈夫」と言われました。ちょっとだけでしたけど、英語が通じて嬉しかったです。

校長：席を譲ろうとするなんてさすが。よい心がけだね。

生徒：ありがとうございます。そこで、校長先生、英語のことでちょっと教えてほしいことがあるんですけど…。

校長：何かな？

生徒：電車の中での続きなんですけど、私の前に立っていたお年寄りのネイティブの会話がたまたま耳に入ってきて、一人が I was wondering if you'd like to come over for dinner tonight. と言って、もう一人が I'd like to. と答えたんです。別に聞き耳を立てたわけじゃないんですけど、I was wondering if 〜 という表現が気になっているのです。

校長：どういう意味だと思う？

生徒：夕食を誘っているように思えるんですけど、なんで過去形を使っているのかがわからないんです。

校長：よいところに目をつけたね。wonder if 〜 はとても丁寧な言い方で、相手に依頼したり、意向をたずねたり、質問を投げかけたりするときに使うんだよ。もうひとつ丁寧にすると、I am wondering if 〜 となり、進行形を使う

128

ことで今、心の中でそう思っているということをほのめかし、相手に選択の自由を与える言い方になるんだ。さらに丁寧にしたのが、過去形を用いた I was wondering if ～ という表現。英語には、過去形を用いていることによって、現在とは違う、遠いところをイメージさせることで婉曲的で丁寧な言い方になることもあるんだ。わかってくれたかな？

（生徒）：そうなんですか。それじゃ、I was wondering if you'd like to come over for dinner tonight. は「もしよかったら今晩、夕食をご一緒しませんか」くらいの意味ですか？

（校長）：Wonderful! 生きた英語を学んでくれて嬉しいよ。似たような例として、I was wondering if you could help me.「ちょっと手を貸していただければと思うのですが」や I was wondering if there might be something on your mind.「あなたには何か心配事があるのではないかと思っていたのですが」もよく使う表現だから、実際の使用場面を調べてみるといいね。

（生徒）：はい。ありがとうございました。

Lesson

57 ▶ the と a の違いを再確認

> **ここがポイント！**
>
> 英語では、初めて出てくる単数名詞の前には a[an] をつけ、その名詞が話者と聞き手の了解事項となった段階で the にするのが基本ですが、いきなり〈the + 名詞〜〉となることもあるのです。

生徒：ネイティブの先生が中心となってオンラインによるディベート講座を企画され、案内があったので申し込みをしました。楽しみにしているんです。

校長：ありがたい企画だね。

生徒：定員に近づいてきたみたいで、先生は私に、Do you know the student who has not yet applied for our online debate courses? と聞かれました。意味は「オンラインディベート講座の申し込みをまだしていない生徒を知っていますか」だと思います。けれども私自身、<u>最初に出てきた名詞には a がつき、2回目以降の名詞には the がつくイメージ</u>が強く、the student who 〜 という表現に違和感があるのです。前後の文脈もないのにいきなり the が出てくると、聞き手は「？？？」になってしまうと習ったように思うのですが…。

校長：ネイティブの英語をよく聞き取り、その意味を深く追求しようとしている姿勢は立派だよ。基本的に a か the のどちらを使うかはあくまでも話者の意識の問題だけど、a student who 〜 にすると、その先生の頭の中に、これからまだ申し込みをする生徒がいるかどうかはわからないという前提があって「まだオンラインディベート講座の申し込みをしていない生徒がいるかもしれません。これから申し込みがあるかどうかはわからないけど、申し込みをしそうな生徒を知っていますか」というニュアンスになるよ。

生徒：なるほど。

校長：一方、the student who 〜 にすると、先生の中に誰かはっきりとはわからないものの、申し込みをする生徒が確実にもう一人はいるという情報が組

み込まれており、「オンラインディベート講座に参加する予定の生徒がもう一人いるようだけど、まだ申し込みをしていません。その生徒を知っていますか」というニュアンスになるね。

生徒：ということは、ネイティブの先生は少なくとももう一人はオンラインディベート講座に申し込みをすることを前提とした上で、私にそれが誰か知っていたら教えてという意味で発言されたということなんですか？

校長：その可能性が高いんじゃないかな。ここでは、ネイティブの先生の意識の中で student を旧情報としており、the student who ～ とすることでその情報を追加したという理解が妥当かな。一方、a student who ～ にすると新情報として student を初めて話題にのせ、さらにその具体説明を who ～ で述べているということになるね。

生徒：本来、〈the ＋ 名詞〉は、その名詞について、話者と聞き手との間で了解されているのが原則と覚えていたのですが…。

校長：その通りだよ。英語では初めて出てくる名詞に the がつき、後に関係詞節などが続く場合、この the を「情報予告」の the と呼んでいるよ。また、「情報予告」の the は後に続く語句の存在を予告する目印にすぎないから「その」とする必要はないんだ。

生徒：それで、The time will soon come when ～「～する時がすぐに来るでしょう」のような文では The を訳さないのですね。英語が日本語とは根本的に違う言葉だと実感できます。高校でおさえておくべき点をお願いします。

校長：「情報予告」の目印は、the 以外に that や those などもあるよ。〈the [that, those] ＋ 名詞〉に関係詞節などの修飾語句が続けば、「情報予告」を想定した捉え方が大事だね。

生徒：それで「～する人々」という意味の〈those (people) who ＋ V ～〉の those を「あれら」と訳さない理由がわかりました。

校長：では、類題といこうか。Good things come [Everything comes] to those who wait. の意味はわかる？

生徒：「待つ人々のところによいことが訪れる」。あっ！　これは「果報は寝て待て」とか「待てば海路の日和あり」のことだと思います。

校長：Great! よく理解できているじゃないか。

Lesson
58 ▶ 関係代名詞の習得順序

ここがポイント！

　　　教育実習生から関係代名詞の教え方について相談を受けました。どのように学習していけば効率的に関係代名詞を習得できるでしょうか。考えてみましょう。

実習生：教育実習に来て1週間が過ぎました。いろいろ学ぶことが多く、有意義な時間を過ごさせていただいています。

校長：教育現場で生徒と一緒に過ごす時間はかけがえのないものだよ。

実習生：初日に校長先生から教えていただいた「明日につながる指導」の意味がわかってきたような気がします。

校長：成長しているね。嬉しいよ。

実習生：ありがとうございます。今日は英語の指導についてご助言いただけますか？

校長：どうぞ。

実習生：来週、中3の授業で関係代名詞を教えることになりました。中学の英語は週5時間あって、そのうち2時間が文法・作文です。テキストは問題集なのですが、導入の部分は各自で工夫することになっています。すでに関係代名詞の学習はひと通り終わっており、担当の先生からは主格と目的格について「わかりやすさと定着」を意識して復習指導してほしいと言われました。問題集に並んでいるパターン練習だけでは、何か物足りないような気がして…。

校長：関係代名詞の習得順序を意識したライティングから入り、ディクテーション（聞いた英文を書き取ること）やシャドーイング（音声を聞いた後、即座に復唱すること）に発展させるのも方法だね。また、他の3時間の中で関係代名詞を扱ったところがあれば、そこから例文を引っ張るのもいいね。

（実習生）：なるほど。関係代名詞の習得順序ですか？

（校長）：そう。これまでの多くの研究では〈名詞（先行詞）＋ 関係詞節（形容詞節）〉の 意味のかたまり（sense group）が、文の O（目的語）になっているものが一番習得しやすいと言われているよ。

（実習生）：文の O となっているもの…ですか。

（校長）：その中でも特に、〈先行詞 ＋ 主格関係代名詞（who, which, that）〉が一番、身につきやすいと言われているよ。例文で考えてみようか。「私にはボストンに暮らしている友人が何人かいます」を関係代名詞を使って英語にしてみると？

（実習生）：I have some friends who [that] live in Boston. です。

（校長）：そう。some friends who [that] live in Boston という 意味のかたまりが have の O になっているね。そして who [that] が…。

（実習生）：主格です。このタイプが一番身につきやすいってことなんですね。なんかわかるような…。

（校長）：その次が文の O で、目的格関係代名詞（whom, which, that）の場合。〈名詞 ＋ SV 〜〉は「接触節」とも言われているね。いずれにせよ、SVO の O が〈先行詞 ＋ 関係詞〉になっているものが習得しやすさのトップ。そのあたりからの確認が導入かな。目的格の例も考えてみようね。「私はあなたがパーティーで歌っていた歌のタイトルをどうしても思い出せませんでした」を英語にすると？

（実習生）：I couldn't remember the title of the song（which / that）you were singing at the party. です。

（校長）：そう。続く 3 番目は〈先行詞 ＋ 主格関係代名詞（who, which, that）〉、4 番目は〈先行詞 ＋ 目的格関係代名詞（who, which, that）〉が文の S になっているものと言われているよ。

（実習生）：興味深いお話です。そんな研究がされていたんですね。

（校長）：早速、例文といこうか。「その花屋で働いている女の子は私の娘です」を英語にしてみてくれる？

（実習生）：The girl who [that] serves in the flower shop is my daughter. です。

（校長）：OK。「あなたが話しかけた女の人は有名な俳優です」はどうかな？

（実習生）：The woman（whom / that）you spoke to is a famous actor.

校長：そうだね。文を理解するにあたって、読み手や聞き手はふつう、SV が順にくることを予想し、かつ記憶していくわけだけど、このように S が長いと理解が困難になるだけでなく、知覚作用が低下するため、話者がこの使用を避けると考えられているんだ。

実習生：いろいろなヒントをありがとうございます。「わかりやすさと定着」という点を考えれば、生徒の習得のしやすい文からライティングやスピーキングの復習に入り、少しずつレベルを上げて定着にもっていくのが理想だと思います。納得のいく指導案を考えてみます。

Lesson 59 ▶ 関係代名詞の 非制限用法

> **ここが ポイント！**
>
> 関係詞の前にコンマ（comma）がついた形は、「非制限用法」「非限定用法」「継続用法」などと呼ばれます。今回は、専門用語は別として、コンマがついている関係代名詞の使い方を取り上げます。

⑲生徒：今、ネイティブの先生の授業で、課題として与えられた英文を数分で読んで、そのポイントを数行の英語に要約する取り組みをやっています。とても面白く、楽しみながらできるんです。

⑳校長：読解力と作文力がつく取り組みだし、「面白く、楽しみながら」というところがいいね。どんな内容の英文を読んでいるの？

⑲生徒：いろいろです。この前は「お見合い」（an arranged marriage）がテーマでした。主人公のトモコは、幼なじみで結婚したいと思っていたケンタが別の女の人と結婚することになったので、好きではなかったイチローとお見合い結婚するんですけど、最後はうまくいくというストーリーでした。まとめとしては「お見合い」は是か非かという問いかけで終わっていました。

⑳校長：なるほど。

⑲生徒：ストーリーの要約の中で、「トモコはケンタが好きなので、パートナーになってほしかったが、好きでもないイチローが相手になった」を英語で表現したくて、Tomoko wanted to be with Kenta whom she saw as an ideal partner; but she ended up with Ichiro whom she didn't really like. としたのですが、ネイティブの先生から Tomoko wanted Kenta, whom she saw an ideal parter; but she ended up with Ichiro, whom 〜 と修正されました。また、Kenta, that 〜 や Ichiro, that 〜 は不可とも書かれました。

⑳校長：どんな場合にコンマをつけるか知っている？

⑲生徒：非制限用法の場合です。

校長：非制限用法を説明できる？

生徒：先行詞が特定のヒトやモノの場合で…。

校長：簡単に言えば、先行詞がヒトなら「一人しかいない」、モノなら「一つしかない」場合がそうだね。「一人、一つ」とは、人名や地名などの固有名詞、「その〜」、「この〜」、「あの〜」、「私の〜」、「同じ種類のものすべてをひっくるめた〜」のように、文脈上、特定できるヒトやモノのこと。君が作文した Tomoko wanted to be with Kenta 〜 も but she ended up with Ichiro 〜 も先行詞がともに人名、つまり、固有名詞だから Kenta, whom 〜, Ichiro, whom 〜 のようにコンマをつけるんだね。なお、先行詞が固有名詞の場合、〈コンマ ＋ 関係代名詞〉とするため、whom を省略して Kenta she liked や Ichiro she didn't like とすることはできないよ。

生徒：コンマをつける、つけないで意味が変わるのですか？

校長：よい質問だね。例えば、① I have three daughters, who live in Australia. と② I have three daughters who live in Australia. の場合、①は「娘は 3 人しかいない」ことを表し、②は「3 人の他にも娘がいる」可能性があることを暗示していることは知っている？

生徒：はい、聞いたことはあります。確か、発音するときもコンマがある場合は関係代名詞の前にポーズを置いて発音するんでした。

校長：そうそう。①のように、先行詞に補足説明を加えるだけの場合はコンマをつけるのに対し、②のように、先行詞の意味に制限・限定（説明）を加え、数ある中から先行詞とその他を区別する場合はコンマをつけないのが違いだね。もう一つ言うと、先行詞が相手に知られている「旧情報」の時はコンマをつけ、相手が知られていない「新情報」の時はコンマなしという見分け方も紹介しておくよ。

生徒：違いがわかりました。Kenta, that 〜 や Ichiro, that 〜 が使えない理由も教えてください。

校長：関係代名詞 that は元々、限定性が強く、先行詞との間にコンマを置くと限定性が弱まり、相性が合わないことからこの用法が定着したと考えられているよ。

生徒：なるほど。納得です。

校長：コンマつきの関係代名詞の他の例を見てみようか。そうだなあ、She

tried to find a part-time job, which she found very difficult. の意味はわかる？

🧑‍🎓生徒：「彼女はパートタイムの仕事を探そうとしたが、とても難しいとわかった」です。

🧑‍🏫校長：そうだね。ここでは which she found very difficult を but she found it very difficult と考えればいいね。関係代名詞を見つけたら、まずは先行詞まで訳し、and, but, because でつないで訳してみるのがコツ。ちなみに、it は to find a part-time job のことだけど、このように、先行詞が文全体（もしくは文の一部）の内容の場合は、〈, which〉とするよ。いずれにせよ、英語は書いてある通り、左から右へ訳し下げてスムーズに意味がとれるようになることが直読直解、直聴直解につながるんだ。

Lesson
60 ▶ 前置詞 + 関係代名詞

ここが
ポイント
！

　　　in which に代表される〈前置詞 + 関係代名詞〉は典型的な書き言葉であり、様々なテキストに登場します。今回は前置詞に続く関係代名詞の諸相に迫ります。

生徒：この前の日曜日、第一志望の大学のオープンキャンパスに行ってきました。

校長：十分な情報を得ることはできたかな？

生徒：はい。姉の友達で、その大学に留学で来ているデラニーさんがキャンパスを案内してくれました。

校長：よかったね。大学ではどのような分野を専攻したいの？

生徒：国際関係学（International Relations）です。でも英語でのコミュニケーション力がまだまだなので、もっと英語を使いこなせるようにならなければと思っています。

校長：よい心がけだね。頑張るんだよ。国際関係学を専攻するならコミュニケーションツールとなる英語は必須だね。

生徒：そうなんです。その大学は海外からの留学生が多く、授業も基本的には英語なので、英語をマスターできる理想的な環境にあると思いました。デラニーさんも大学案内のパンフレットに書いてある The ideal environment in which to master English 通りだよと言っていました。

校長：もしかして今日はその表現について？

生徒：はい。〈前置詞 + 関係代名詞 + to + 動詞の原形〜〉は初めて見たもので…。

校長：レベルの高い書き言葉だね。関係代名詞 which の後に〈S + be 動詞〉を補ってごらん。

⓵：The ideal environment in which you are to master English ですか？
あっ、わかった！　〈be to ＋ 動詞の原形〜〉の「可能」の意味がぴったり
だから… in which you can master English のことですね。

⓶：そういうこと。

⓵：今日は折角、校長先生に教えていただける機会をいただいたのでもう少
し聞いてもいいですか？

⓶：どうぞ。

⓵：そもそも、どうして前置詞を関係代名詞の前にもってくるのですか？

⓶：〈前置詞 ＋ 名詞〉は「意味のかたまり」、つまり、sense group として捉
えることが基本ということは頭に入っている？

⓵：あっ、そうか！　前置詞は関係代名詞とも相性がいいってことですね。

⓶：理解が早いね。では「私は『タイタニック』を初めて見た日のことが忘
れられない」を英語にしてくれる？

⓵：I cannot forget the day（which / that）I first saw *Titanic* on. です。これは
関係副詞を使って、I cannot forget the day when I first saw *Titanic*. とするこ
とができると思います。

⓶：では、〈前置詞 ＋ 関係代名詞〉を使って書き直してくれる？

⓵：I cannot forget the day on which I first saw *Titanic*. です。確か、前置詞
＋ 関係代名詞 that は不可でしたから on that はダメ。また、関係代名詞の
後には「不完全な文」、〈前置詞 ＋ 関係代名詞〉の後には「完全な文」が続
くと習ったような…。

⓶：よく勉強しているね。during, except, as to など、一部、前置詞によって
は、関係代名詞の前に置くのが通例というものがあるけど、「文法のための
文法」になってはいけないよ。だから多くの英文にあたる中で慣れていくこ
とだね。類題をもう一つ。「私は本当にあなたの英語を話すスピードについ
ていけません」を英語でどうぞ。

⓵：「スピードで」は at the speed だから I can't really follow English at the
speed at which you speak. だと思います。

⓶：よくわかっているね。at the speed のように「時間的」なことを表す名
詞との結びつきが強い前置詞の場合、which 〜 at ではなく、at which 〜 が
好まれる傾向があるよ。一方で、look after 〜 や look forward to 〜 など、動

詞と結びつきが強い前置詞は切り離さないのがふつうだね。今度は応用。
We have two washing machines, both of which are out of order. の意味は？

生徒：We have two washing machines. と Both of them are out of order. からつくられたものだから「私たちは2台の洗濯機を持っており、両方とも故障している」です。

校長：大丈夫みたいだね。その他、〈one [some, most 等] + of + 関係代名詞〉や〈the + 最上級 + of + 関係代名詞〉等もよく見かけるからおさえておこうね。わかりにくければ、文を二つに分けてみることだよ。もう少し進めて、難度を上げるけど、メディア英語のレベルで、The prime minister entered the hospital at the weekend for what was described by a senior government official as a routine medical checkup. はどうかな？

生徒：レベルが高いですね！？　辞書を使わせてください…。「ある政府高官によれば、首相は定期健診と称されるもののために週末入院した」だと思うのですが…。

校長：そう。前置詞 for に続く先行詞を含む関係代名詞 what 以下にある〈was described by 〜 as ...〉は、「〜によって…と称されるもの」が直訳。文としては what 〜 as までを削除しても意味は通るし、文法的に問題はないけど、メディア英語ではあえて〈前置詞 + 名詞〉の間にこのような what 節を組み入れることによって、断定を避け、第三者による客観性を重んじる独自の表現とすることもあるんだね。

Memo

Lesson
61 ▶ 関係代名詞 what

　先行詞を含む関係代名詞 what は、通例「〜こと、〜もの」と訳し、what 節は文の中で、主語、目的語、補語、前置詞の目的語として機能します。今回は、海外ドラマで使われた「生きた英語」から関係代名詞 what を学びます。

⊛生徒：最近、海外ドラマを字幕つきで見ています。英語の音だけでは言っていることがわからないので、英語と日本語字幕で見ることにしているのですが、とても楽しいです。

⊛校長：楽しみながら、英語に親しめるなんて素晴らしいことだね。「好きこそものの上手なれ」だからね。海外ドラマは生きた英語の宝庫だから、英語を効果的に学ぶツールの一つとも言えるね。

⊛生徒：今日は教えてほしいことがあって来ました。

⊛校長：何かな？

⊛生徒：ドラマの中でイタズラをした子どもがウソをついて I'm telling the truth.「僕、本当のことを言っているの」と言ったのに対し、不信感をもった母親が That's what you say. と返答し、字幕には「あやしいものね」と出たのです。what you say の部分がどうしてそうなるのかわかりません。

⊛校長：what には「何」の意味をもつ疑問代名詞や〈what + 名詞〉で「どんな名詞」の意味をもつ疑問形容詞などがあるけど、これらは中学校で習ったよね？

⊛生徒：はい。関係代名詞も習いました。

⊛校長：説明できる？

⊛生徒：関係代名詞 what は「〜こと、〜もの」の意味、先行詞を含む関係代名詞で the thing(s) which のことです。

⊛校長：そうだね。それに all that 〜「〜すべて」や anything that 〜「〜なんで

も」の意味もあるよ。

生徒：学習しました。

校長：what 節は文の中でどんなふうに機能するのかな？

生徒：えっと、主語、目的語、補語…。

校長：前置詞の目的語（前置詞の後に what 節がくる）にもなるよ。

生徒：そうでした。

校長：ドラマの中の台詞 That's what you say. だけど、That は子どもの台詞の内容である I'm telling the truth. のことを示し、what 節は is の補語になっており、ここでは関係代名詞だね。わかる？

生徒：はい、わかります。

校長：それなら what you say の意味は？

生徒：「あなたが言うこと（すべて）」。

校長：そうだね。「あなたが言うこと（すべて）、つまり、あなたの言い分」ということになるよね。

生徒：はい。

校長：そうすると「あなたは本当のことを述べていると言っているけど、それはあなたの言い分に過ぎないでしょ」の意味になるんじゃない？

生徒：確かに。

校長：母親が不信感をもっているということだから、それを意訳して「あやしいものね」にしたんだろうね。

生徒：なるほど。場面をおさえた訳ですね。

校長：ちなみに、That's what you say. は「あなたはそう言うけど、同意できないよ」の意味でよく使われる日常会話表現だよ。

生徒：理屈は同じですね。覚えておきます。

校長：海外ドラマを見るなら、次は英語音声のみで聞いてみてほしいな。少しずつリスニング力が鍛えられ、聞き取れる英語も増えると思うよ。また、知らなかった表現やお気に入りのフレーズがあれば、メモしておいて後から見直す習慣をつけることも大事だね。

Lesson 62 ▶ 関係代名詞 ＋ I think 等 ～

> 関係代名詞の後に I think に代表される〈S ＋「思考・発言」動詞〉が置かれることがあり、これを「連鎖関係詞節」と言います。難しい専門用語はさておき、今回はその構造にアプローチします。

🧑‍🎓（生徒）：この前、リーディングで扱った英文に、大学では法学部に進んで弁護士になりたいと思っている高校生の主人公が、将来は医者になってほしいと思っている母親に対し、なかなか自分の気持ちを切り出せない場面があるんです。

🧑‍🏫（校長）：なかなかリアルな状況だね。

🧑‍🎓（生徒）：そうなんです。その後、主人公の母親を一人で育て上げたというおばあさんが登場します。母親に対して「一度きりの人生は皆に平等、子どもには好きなようにさせてあげなさい」と、そして主人公に対して、Do what you believe is right. と言うんです。

🧑‍🏫（校長）：それでうまくおさまったの？

🧑‍🎓（生徒）：その後、多少のすれ違いはあるものの、最終的には happy ending になります。それはそれでよかったんですけど、おばあさんの台詞の Do what you believe is right. の文構造がよくわからないんです。

🧑‍🏫（校長）：意味はわかる？

🧑‍🎓（生徒）：「あなたが正しいと信じることをしなさい」だと思います。

🧑‍🏫（校長）：そうだね。では文構造をみてみよう。文頭の Do は？

🧑‍🎓（生徒）：命令文なので Do は V。意味は「〜しなさい」です。

🧑‍🏫（校長）：what you believe is right は？

🧑‍🎓（生徒）：Do が他動詞で、目的語をとるから what you believe is right はひとかたまりで O、名詞節となっています。

校長：そうだね。では what は？

生徒：関係代名詞で「〜こと」です。

校長：ではその後の you believe is right は？

生徒：…？

校長：正確には、you believe something is right. の something を先行詞にして、関係代名詞 that でつなぐと something that you believe is right「あなたが正しいと信じること」となり、その something that を、先行詞を含む関係代名詞 what に置き換えたものと考えるのがふつうだね。ただし、説明が難しくなるから、関係代名詞の後に〈S + think, believe, suppose など〉が「挿入」されるという一般的な解説で対応させてもらうよ。

生徒：ありがとうございます。関係代名詞の後に I think などが「挿入」されることがあるとおさえておきます。

Lesson 63 ▶ 関係代名詞 or 関係副詞 ?

関係代名詞を使うか、関係副詞を使うかは先行詞だけで決まるものではなく、先行詞が関係詞節の中で名詞として働いているのか、副詞として働いているのかで決まってくるものなのです。

🧑‍🎓**生徒**：日本国内で旅行をするならどこがいいかというテーマの英会話レッスンの時です。「長野は標高 3,000 メートルの日本アルプスに囲まれていて、年中、野外活動ができる美しい景色があるところ。特に軽井沢は、長い間、ずっと訪れたいと思っていた場所なの」と英語で伝えたくて、習ったばかりの「場所」を示す関係副詞 where を使って、Nagano, where is surrounded by the 3,000-meter-high peaks of the Japanese Alps, offers beautiful scenery with year-round outdoor activities. Karuizawa, especially, is a place where I've wanted to visit for a long time. と言ったんです。そしたら意味は理解してもらえたんですけど、前の文は Nagano, where を Nagano, which ～ と、後の文は a place where を a place which に直されました。where と which はどのように使い分けるのですか？

🧑‍🏫**校長**：結構レベルの高い文をよくそこまで表現できたね。立派だと思うよ。君が書いた Nagano, where is surrounded ～ については、確かに、先行詞となる Nagano は「場所」だけど、関係詞節の中ではどう機能しているかな？先行詞を関係詞に置き換えてみてくれる？

🧑‍🎓**生徒**：Nagano is surrounded ～ ですから文の S です。

🧑‍🏫**校長**：S ということは品詞は？

🧑‍🎓**生徒**：名詞です。

🧑‍🏫**校長**：名詞の代わりをして、文をつなぎ、意味を関係づけるのが関係代名詞なんだから、先行詞が「場所」であってもここでは…。

（生徒）：which でした。やっとわかりました。

（校長）：a place where I've wanted to visit for a long time. も同じように考えることだね。先行詞となる a place とは Karuizawa のことなんだから I've wanted 〜 の文に入れて考えてごらん？

（生徒）：I've wanted to visit Karuizawa for a long time. です。そうか！　ここでは Karuizawa が visit の目的語になっていて、目的語は名詞だから関係代名詞 which を使うんだ〜。

（校長）：わかってきたようだね。見分ける目安として、関係詞節の中に名詞が一つ欠けた「不完全な文」なら関係代名詞、関係詞節の中が「完全な文」（副詞はそれ自体がなくても文の要素は満たされていることに注意）なら関係副詞とおさえておくといいよ。先ほどの文だけど、日常会話では、前の文は〈主格関係代名詞 + be 動詞〉である which is を省略して Nagano, surrounded by the 3,000-meter-high peaks of the Japanese Alps, offers とし、後の文は目的格関係代名詞である which [that] を省略して Karuizawa is a place I've wanted to visit for a long time. と表現するのがふつうかな。

（生徒）：目的格関係代名詞のある文と、省略された文の意味はまったく同じですか？

（校長）：よい質問だね。厳密に言えば、〈名詞 + SV〉の sense group の中で、目的格関係代名詞（whom, which, that）が省略されているという考え方と、元々、関係代名詞は存在しないという考え方（接触節）があり、専門家の間では後者の見方が主流になっているよ。だけど、中高生の段階ではあまり神経質にならず、「S が V する名詞」（O が欠けた不完全な文）ときたら、〈名詞 + SV〉と間髪入れずに発話できるようになることが第一。要は、関係詞を使わなくても相手が理解できるなら、情報はなるべく「スリム化」して伝える方がいいということだね。

Lesson
64 ▶ 関係副詞 where

> **ここがポイント！**
>
> 関係副詞 where は先行詞を「場所」とするのが基本ですが、応用的な使い方もあります。考えてみましょう。

生徒：朝読書を続けているのですが、感銘を受けた本があればその内容をネイティブの先生にオンライン授業で発表することになっているんです。

校長：それはよい取り組みだね。君が感銘を受けた本ってどんな内容なの？

生徒：はい。ジェームス・W・ヤングの『アイデアのつくり方』（CCCメディアハウス、1988年）という本です。ずっと昔に出版されたもので、現在まで読み続けられている名著のようです。アイデアとは既存の要素をうまく組み合わせることであり、新しい組み合わせをつくりだすには、事物の関連性を見つけだす才能が必要だというような内容なんです。言われたことをするのは得意だけど、クリエイティブなことになると苦手な自分にとってはとても参考になりました。何度も読み返してしまうほどなんです。

校長：よい本との巡り合いは、人が成長していく上で肥やしになるね。

生徒：ネイティブの先生もその本のことはご存じで、There are cases where a book changes a person's life. とおっしゃられました。意味は「一冊の本が人生を変える場合もある」だと思うのですが、この where は関係副詞という理解でいいのですか？　関係副詞 where は先行詞が「場所」を示す語のはずですから少しひっかかるんです。

校長：確かに、<u>関係副詞 where の先行詞は具体的な「場所」を示す語が多いけど、広い意味で「場所・場面」を想定できる語、例えば、situation「状況」、circumstance「立場」、point「点」、case「事例」などを先行詞にしたときにも where を用いる傾向がある</u>よ。つまり、「場面」というのは時間的空間等

を含む様々な場面や場合のことだね。ただし、このような表現は書き言葉が多いよ。

生徒：な〜るほど。それで「〜の場合」を cases where 〜 で表しているんですね。

校長：ただし、「時」に重点を置きたい場合は、There are occasions when these rules don't apply.「これらのルールがあてはまらない場合があります」とすることもあるよ。いずれにせよ、〈cases where SV 〜〉「〜の場合」とおさえておいて、発展的にいろいろな表現を身につけていけばいいんじゃないかな。

生徒：おっしゃる通りだと思います。

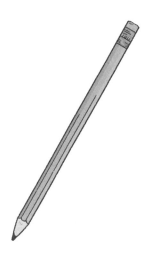

Lesson
65 ▶ 関係詞の二重限定

ここがポイント！

関係詞の二重限定と聞くと何か難しい印象を与えますが、先行詞の後に関係詞節が二つ続くだけのことです。

㋙：ライティングの授業で、「あなたの知り合いの中で、AI を効果的かつ安全に使える人はいますか？」を、ネイティブの先生は Is there anyone you know who can effectively and safely utilize AI? と表現されました。who が主格関係代名詞というのは理解できるのですが、文構造がよくわかりません。

㋛：Is there anyone you know まではどう？

㋙：目的格関係代名詞が省略された文で、Is there anyone (that) you know? のことだと思います。意味は「あなたが知っている人はいますか」です。

㋛：who が主格関係代名詞とわかるなら先行詞はどれかな？

㋙：anyone ですか？

㋛：自信をもってね。この文は先行詞 anyone の後に (that) you know という関係詞節、そこにさらに別の関係詞節 who can effectively and safely utilize AI が続いているんだ。このように、〈先行詞 ＋ 関係詞節① and 関係詞節②〉の形で、先行詞を①で一度限定した後、再度②で限定するようなものを「二重限定」と呼び、「①の中で、②の先行詞」と訳すとうまくいくことが多いよ。この用法の特徴は、一つ目の関係詞は省略できるけど、二つ目の関係詞は省略できないことかな。

㋙：面白い言い方ですね。先行詞に関係詞節が二つも続いているなんて想定外で、戸惑ってしまいました。

㋛：他にもまぎらわしいものを見てみようか。そう、例えば、He is the only doctor we can trust and that is reliable. のように、and が関係詞節を結ぶこと

もあるよ。これは書き言葉の典型だけど、今言った文なら (that) we can trust と that is reliable という関係詞節を結んでいるのがわかるかな？　意味を考えてみてくれる？

🧑‍🎓 **生徒**：はい。「彼は私たちが信頼できて、頼りにできる唯一の医者です」だと思います。

🧑‍🏫 **校長**：そうだね。〈先行詞 + 関係詞節① and 関係詞節②〉だから「①と②の先行詞」の意味で、①と②が並列されて先行詞にかかっているんだね。復習も兼ねてもう一つ。「私たちが完璧なまでに有能だと思っている人が仕事で成功した」を英語で言える？

🧑‍🎓 **生徒**：The person who we thought was thoroughly competent succeeded in business. です。

🧑‍🏫 **校長**：文構造を説明できる？

🧑‍🎓 **生徒**：The person succeeded in business. と We thought (that) the person was thoroughly competent. からきたものだと思います。確か、連鎖…？？？

🧑‍🏫 **校長**：文法用語はさておき、よくわかっているようだね。連鎖関係詞というよ。The person を先行詞とすると、後の文の the person は主格だから関係代名詞 who に変え、we thought was thoroughly competent までの sense group を文の S として、V となる succeed につなげばいいね。読解のコツとして言えるのは、〈先行詞 + who S think ...〉があれば、S think を（　）でくくると文構造が見分けやすくなることかな。ちなみに、think 以外にも、believe, suppose 等、「思考」動詞が入ることが多いよ。

66 ▶However

However は、その後に SV ～ を伴うと「譲歩」を表す副詞節として、また、文と文、パラグラフとパラグラフのつながりを表す副詞として機能するなど、使い方は多岐にわたります。チェックしてみましょう。

生徒：ライティングで「どんなに一生懸命勉強しても成績はよくなりませんでした」を However I worked hard, my school record didn't improve. としたら However hard I worked, ～ に訂正されました。その時、〈However + 形容詞／副詞 + SV ～〉が「どんなに～しても」（譲歩）の意味を表し、However を No matter how とすることもできると学習したのですが、However の後に SV が続いたり、However だけが使われたりするなど、いろいろな使い方があるのをまだ頭の中で整理できていないのです。もちろん、辞書を「読む」努力はしますが、校長先生から直接、教えていただきたいのです。

校長：ご指名、恐縮するよ。「どんなに～しても」とくれば、まずは〈However + 形容詞／副詞 + SV ～〉を想定する知識があること、そして語順に戸惑ったときは元の文を考えてから筋道立てて組み立てることが大切だよ。やり方としては「どんなに～」の部分を very ～ に置き換え、次に very ～ の sense group を However ～ にして文の先頭に出すのがコツ。では「私はとても一生懸命勉強しました」を英語にして文型を考えてみてくれる？

生徒：I worked very hard. で文型は I が S、worked が V、very hard が M（副詞句）です。

校長：very hard という sense group の very を however にして文の先頭に出してみて。

生徒：However hard I worked です。なるほど、つくり方がわかりました。

校長：これがスッと口をついて出てくるまで練習を重ね、自然体で習熟して

いってほしいものだね。また、<u>However が No matter how に書き換えられる</u><u>のは、〈It doesn't matter how ＋ SV ～〉の省略と考えられているからで、</u>「どんなに～しても問題はないから」というニュアンスをもっているよ。

⊕生徒：なるほど。よくわかりました。

⊕校長：それでは次にいこう。However we spend our time, we all have 24 hours a day. を訳せる？

⊕生徒：「どんなふうに時間を使おうと私たちは皆、1日24時間をもっています」だと思います。

⊕校長：そうだね。<u>〈However ＋ SV ～〉には「どんな方法（手段）で～しても」</u><u>（by whatever means）の意味</u>があり、今の例や You can ride my bicycle, however you like.「好きなように、私の自転車に乗っていいよ」のように「自由・放任」などを表す場合に使われるよ。

⊕生徒：だんだんすっきりしてきました。もう少しお願いします。ライティングで「明日、あの山に登る予定ですが、天候が気がかりです」を We are going to climb that mountain tomorrow. But I'm worried about the weather. と書いたら、But を However に修正されました。「～する予定ですが…」は「～する予定です。しかし…」ではいけないのですか？

⊕校長：<u>But は接続詞だからここでは文をつないで、〈～ tomorrow, but ...〉にす</u>るか、however を使うなら、〈～ tomorrow. However, ...〉にするかのどちらかになるね。ただし、<u>however は副詞だから、コンマつきで文中におかれた</u><u>り、文末におかれたりすることもあるよ。</u>

⊕生徒：日本語では「しかし（ながら）」でも、接続詞 but と副詞 however では働きが違うということなのですね。

⊕校長：細かいことだけど、大事な点だよ。また、<u>but や however の後には「筆</u><u>者の主張」がくることが多いから</u>、リーディング対策としておさえておいてほしいな。

Lesson
67 ▶ 接続詞 that

ここが
ポイント
！

　（従位）接続詞 that の後には文の要素を満たした「完全な文」が続き、その意味のまとまり（that 節）が文全体の中で S、O、C 等として機能します。今回は、名詞節を導く that について考えてみます。

⑮：リーディングの勉強をしていたら The fact is that the energy crisis will be with us for an even longer time than we anticipated. という英文が出てきました。「実際、エネルギー危機は私たちが想定した以上にこれからももっと長く続くでしょう」というだいたいの意味はわかったのですが、「that が接続詞で、that 節は文全体の中で C として機能する名詞節」という解説がよくわかりませんでした。ご指導をよろしくお願いします。

㊗：まず、接続詞 that には文の要素を満たす「完全な文」が続くというのはわかるかな？

⑮：完全な文って何ですか？

㊗：例えば、「彼が生徒だということ」を英語にしてごらん。

⑮：that he is a student です。

㊗：そうだね。では「彼が言ったこと」は？

⑮：what he said です。あっ！　what he said は said の目的語が欠けた不完全な文だけど、that に続く he is a student は欠けたものがないから完全な文なんですね。

㊗：そう。参考書にはあまり書いてないけど、予備校などでは that を接続詞か関係代名詞か区別する場合、完全な文・不完全な文で判断することが多いよ。不完全な文の目印は、文の要素となる名詞が一つ欠けているところだね。

⑮：ということは 〈that（接続詞）＋ 完全な文〉〈what（関係代名詞）＋ 不

完全な文〉とまとめることができますね。

校長：そうだね。それなら The fact is that ～ の文はどうなるかな？

生徒：that 節は完全な文だから that は接続詞。そして、that 節が The fact is の C となり、名詞の働きをしているから名詞節という理解でいいですか？

校長：その通り。では応用編。今度は The fact that the energy crisis will be with us for an even longer time than we anticipated is undeniable. としたらその意味はわかるかな？

生徒：The fact that the energy crisis will be with us for an even longer time than we anticipated が文の S、is が V、undeniable が C ですから「エネルギー危機は私たちが想定した以上にこれからももっと長く続くだろうという事実は否定できない」だと思います。

校長：そう。that 節が the fact の具体的内容を表す「同格」の名詞節となっているんだね。このように形は〈名詞 ＋ that ＋ 完全な文〉であり、内容が that 節が名詞の具体説明（名詞 ＝ that 節）となっている場合は「～という名詞」というように訳すよ。読解では、抽象的事柄を示す名詞の具体的な説明が that 節と考えることだね。

生徒：同格の名詞節は聞いたことがありますが、今回、よくわかりました。

校長：さらに応用編にチャレンジしてみようね。The thought occurred to him that he might never come back. の意味はわかる？

生徒：…。

校長：同格の名詞節は〈名詞 ＋ that 節〉だけど、名詞と that 節が離れることもあるよ。

生徒：わかりました！　The thought that he might never come back occurred to him. の名詞である The thought と that 節の that he might never come back が離れているんですね。意味は「ひょっとしてもう二度と復帰しないかもしれないという考えが彼の頭に浮かびました」だと思います。

校長：うまく落とし込めたようだね。では辞書で that を引いて、接続詞の様々な用例を調べてみようか。辞書を「読む」ことも重要な勉強方法の一つだよ。

生徒：はい。今から取りかかります。

Lesson

68 ▶ because もいろいろ

> ここが
> ポイント
> ！

　接続詞 because にもいろいろな使い方があります。英語コ
ミュニケーション力の上達には、様々な用例にあたって「経験」
を積み重ねることが第一です。

(生徒)：普段は口数が少ない母に、最近、弟がよく叱られます。そこで「お母さ
んによく叱られているね。それは夜更かしばかりして、朝、起きるのが遅い
からだと思うよ」の意味で、You often get told off by our mom. I think it is
why you stay up late at night and get up late in the morning. と言ったら、そ
の場でうなずきながら聞いていた母が後で、why を because に訂正したんで
す。why は「理由」を表すのだからこれではいけないのですか？

(校長)：お母さんに聞いたの？

(生徒)：はい。母はうまく説明できないけど、こっちの方がスッキリするのよ！
と言っただけです。

(校長)：it は何を指しているの？

(生徒)：「弟が母によく叱られていること」です。

(校長)：「結果」だね。

(生徒)：はい。

(校長)：それなら「母によく叱られる」という「結果」に対して why 〜 の内容
はどういう関係になるの？

(生徒)：「原因」です。

(校長)：見分け方のコツを言うよ。〈文① ＋ it is 〜 ＋ 文②〉とすると、文①は
「結果」、文②は「原因」ということになるね。こういう場合、〈文①［結果］
＋ it is because 文②［原因］〉で表すよ。

(生徒)：そういう分析があるんですね。

校長：では、文①と文②を入れ替えて表現してくれる？

生徒：You stay up late at night and get up late in the morning. I think it is ～ の後は？？？

校長：今度は<u>文①が「原因」、文②が「結果」</u>だね。こういう場合は〈文①［原因］＋ it is why 文②［結果］〉になるよ。

生徒：な～るほど。ということは why you often get told off by our mom ですか？

校長：そうだね。原因と結果の関係を「因果関係」というけど、because か why かはその関係から見分けるようにすればいいね。ただし、コミュニケーションで大切なことは、機械的な書き換えではなく、適切な情報の出し方。君は元々、弟が「お母さんによく叱られている」という「結果」に焦点をあてた言い方をしているから You often get told off by our mom. で始め、I think it is because ～ とつなぐのがいいね。

生徒：よくわかりました。もう一ついいですか？

校長：どうぞ。

生徒：母はその後、Just because I don't talk doesn't mean I don't think. と言ったんですけど、その意味がわからないままなんです。

校長：慣用的な表現として、<u>Just because 節が文の S になることもある</u>よ。文型をチェックしてみようか？

生徒：Just because ～ が S、doesn't mean が V、I don't think は接続詞 that が省略された名詞節で O …。

校長：そうだね。意味を考えてごらん。

生徒：「私が話さないからといって考えていないということではないわ」ですか？

校長：そう。わかってくれたようだね。

Lesson
69 ▶whether

ここが
ポイント
！

> whether という接続詞は、後に続く SV 〜 をまとめて名詞節
> や副詞節にする機能があります。

生徒：先日、幼なじみの友達のお姉さんの結婚式に招待されたんです！

校長：よかったね。それで結婚式はどうだったの？

生徒：とても素晴らしく、感動しました。幸せのおすそ分けを頂きました。

校長：ところで今日は何か質問でもあるの？

生徒：はい。結婚式の日、サプライズとして何をするかアメリカ人の友達と相
談している時、Whether you will succeed or not will be up to you. というやり
とりがありました。また、当日、式に向かう途中、私があわてていると
Whether you go by train or by bicycle, you will be in time for the wedding
ceremony. とも言われました。まさにその通りだったのですが、今日聞きた
いのはその中に出てきた whether についてです。

校長：今言った二つの英文の意味はわかる？

生徒：だいたいは…。

校長：最初の文の〈Whether + SV 〜〉は文の中でどのように機能していると
思う？

生徒：is の前までが意味のかたまりだから、文の主語だと思います。

校長：そうだね。主語ということは品詞の種類は？

生徒：名詞です。Whether の後に you will succeed という SV が続いているか
ら名詞節です。

校長：whether を辞書で引いて名詞節の場合の意味を調べて、全体の訳を考え
てごらん。

🈡：whether は接続詞で名詞節を導き、「〜かどうか」とありますから「成功するかどうかはあなた次第です」だと思います。

🈔：そうだね。<u>whether には if と同じように「〜かどうか」という意味もあるけど、このように文の S になる場合、if に置き換えることはできないよ。</u>また、whether 節が C の場合や前置詞の後にくる場合、さらに、There remains the problem whether you can pay the money back to them.「あなたが彼らにお金を返済できるかどうかという問題が残っています」のように、〈名詞 + whether 節〉が同格の場合は if で代用できないんだ。

🈡：いろいろなルールがあってややこしいけど、校長先生がいつもおっしゃっているように、多くの英文に触れて慣れていきます。

🈔：その調子。頑張ろうね。では二つ目の文に移ろうか？

🈡：これは副詞節です。辞書には<u>接続詞 whether が「譲歩」の副詞節を導く</u>こともあり、〈Whether A or B〉で「A であろうと B であろうと」とあるから意味は「電車で行こうと、自転車で行こうと、結婚式には間に合います」だと思います。

🈔：そうだね。副詞節の場合、実際のコミュニケーション場面では、(Whether it is) Fine or rainy, she will call on you tomorrow.「晴れていても、雨が降っていても、彼女は明日あなたを訪ねるでしょう」のように〈whether + SV〉が省略されることもあるよ。

🈡：省略できる語句は、反復語句や言わなくてもわかる語句ですよね。

Lesson

70 ▶ 接続詞 as

ここが
ポイント
！

　　as は接続詞、前置詞、副詞、（擬似）関係代名詞などとして機能し、その意味や用法は多義的なものになっています。接続詞一つとっても「原因・理由」「様態」「時」「譲歩」「比例」など、多様な意味を形成します。今回は、接続詞として用いられる「名詞限定の as」を中心に考えます。

生徒：文化祭のクラス参加で演じる英語劇の台詞の中に、Humankind as we know it could not have evolved without tools. とあり、「私たちが知る人類とは、道具がなければ進化できなかっただろうに」という訳がつけられていました。だいたいの意味はとれるのですが、文構造がよくわからないんです。

校長：SV から分析してみてくれる？

生徒：S は Humankind で、V は could not have evolved。〈could have ＋ 過去分詞 ～〉は仮定法過去完了で、without tools は if it had not been for tools のことだと思います。これだけなら「人類は、道具がなければ進化できなかっただろうに」とすぐわかるのですが、as we know it が…。

校長：Humankind as we know it の as は「名詞限定の as」と言われるもので、コミュニケーションを行う者同士がその名詞について共通理解していることが前提。〈名詞 ＋ as we know it〉は、その名詞に対する性質や範囲などを狭めて話題にする際に用いられるものだね。ここでは it が Humankind を指し、和訳は「私たちが知る人類」とすれば十分であり、as を無理やり「～のような」にあてはめる必要はないよ。文構造は as ～ を直前の名詞 Humankind にかかる形容詞節と考えてもいいけど、〈Humankind ～ it〉を意味のかたまりと捉えて、文の S とまとめた方がいいんじゃないかな。

生徒：よくわかりました。My intellectual desire is to escape from the reality of life as I know it. という台詞もあり、それがなぜ「私の知的願望は、私が知る生活の現実から逃避することです」と訳されたのかもはっきりしました。

校長：そういえば、10年程前、アメリカの映画に、"Life as We Know It" というのがあったけど、確か「かぞくはじめました」と訳されていたね。内容は上昇志向の強い男女が、ひょんなことから親友の娘を育てることになるストーリーだったような…。

生徒：「私たちが知る人生」がどうして「かぞくはじめました」と意訳されたのかを知るために見たくなりした。

校長：話の筋道がそれてしまったね。ゴメン、ゴメン。

生徒：いえ、興味深いお話です。もう少し、名詞限定の as について類例をお願いします。

校長：それでは、This is English as it is spoken in the U. S. の意味はわかるかな？

生徒：it が English を指していて…「これが合衆国で話されている英語です」だと思います。

校長：大丈夫みたいだね。

生徒：でも接続詞の as には意味がありすぎてなかなか覚えられないんです。

校長：as は元々、all so「まったく同じように」が語源で、そこから比較、様態、時などの用法が生まれ、原因・理由や譲歩に広がっていったと言われているけど、基本的には「〜に応じて、〜に従って」というニュアンスだね。

生徒：はい。もう少し、質問を続けさせてください。英語劇の台本の中に Take things as they are. という台詞が出てくるのですが、どうして「物事はありのままに受け入れなさい」という訳になるのですか？

校長：as を集中的にチェックしているんだね。直訳すると、as they are は「それら（＝ things）が現在、あるがまま」という意味だから、〈leave ＋ O ＋ C〉の C にあたると考えて訳してみてくれる？

生徒：「物事をそれら（物事）が現在、あるがままにしておきなさい」、あっ、そうか！ 「物事をそのままにしておきなさい」のことだから意訳して「物事はありのままに受け入れなさい」になるんだ。

校長：根本的なことが理解できたようだね。ところで、英語劇の内容はどんなものなの？

生徒：科学技術の発達で人間の生活は進歩したものの、忘れてはいけないものがあるということをテーマにしたものです。当日を楽しみにしておいてください。校長先生も是非、いらしてくださいね。

Lesson
71 ▶ 等位接続詞

ここが
ポイント
！

and, but, or といった等位接続詞は、文法的に対等な語句や文を連結するのが基本です。今回はandを例に挙げて、その「対等性」を考察し、正確なリーディングやリスニングにアプローチします。

🧑‍🎓（生徒）：等位接続詞の勉強をしているとき、① He advised me how to design a good project and carry it out. と② He advised me how to design a good project and carried it out. という二つの英文が出てきました。訳例として、①は「彼は私によい企画の立て方と実行の仕方を助言しました」、②は「彼は私によい企画の立て方を助言し、それを実行しました」でした。

🧑‍🏫（校長）：違いは理解できた？

🧑‍🎓（生徒）：解説には①は design と carry、②は advised と carried が対等な関係とありました。言われればわかるのですが、まだすぐに文全体の意味をとることはできません。速読以前の問題なんです。

🧑‍🏫（校長）：コツとしては、and, but, or といった等位接続詞を見たら、それに続く語（句）と同じ品詞の語（句）を前に探すのが基本。①なら and に続く語は？

🧑‍🎓（生徒）：carry です。

🧑‍🏫（校長）：and の前にある同じ品詞の語は何だと思う？

🧑‍🎓（生徒）：〈how to ＋ 動詞の原形 〜〉の design です。

🧑‍🏫（校長）：そう。だから「よい計画の立て方」と「実行の仕方」が対等な関係ということになるんだよ。

🧑‍🎓（生徒）：なるほど。

🧑‍🏫（校長）：②はどうかな？

🧑‍🎓（生徒）：and に続く carried が動詞の過去形だから advised と対等な関係。つまり、「よい計画の立て方を助言した」と「それを実行した」が and で結ばれ

ているのですね。

校長：そうそう。対等な関係といっても語（句）の場合もあるし、文の場合もあるよ。また、等位接続詞の後に副詞（句・節）が挿入されるとさらに複雑に見えるし、誤読の原因になっているのもまた事実。例えば、The rain forests often grow on poor, inferior soil, and when the forest cover is removed all that is left is barren desert. のように、等位接続詞の後に副詞節が置かれる場合などがそうだね。意味はわかる？

生徒：「熱帯雨林はたいていやせた土地に生息し、森林の膜が取り払われると残るのは不毛の砂漠だけです」ですか？

校長：そうだね。and の後にある when the forest cover is removed という副詞節が挿入されているのがわかれば文構造がつかめるはずだよ。ここでの対等性はわかる？

生徒：The rain forests often grow on poor, inferior soil. という文と all that is left is barren desert. という文だと思います。

校長：その通り。最初はややこしいかもしれないけれど、ある一定の英文を読み、聴く練習を積めば誰でも速読・速聴をすることができるようになるよ。評論文の読解では and は「情報追加」、but は「対立・対比」、or は「選択・換言」を想定して読み進めることが前提。ただし、Turn left at the corner, and you'll find the police station on the right.「その角を左に曲がりなさい、そうすれば、右に警察署があります」のように、〈命令文, and [or] + SV ～〉は例外だよ。

Lesson

72 ▶形容詞

ここが
ポイント
！

　　　形容詞は名詞を修飾する「限定用法」と補語になる「叙述用法」に分類できますが、個々の単語の使い方にも注意しておかなければなりません。

⊕生徒：「私たちがそこに行くにはバスを使うのが便利です」を We are convenient to use the bus to get there. と書いたら、？？？とされ、It is convenient for us to use the bus to get there. に修正され、「形容詞に注意！」とありました。どこがいけないのですか？

⊕校長：convenient という形容詞は「ヒト」を主語にしない形容詞だから It is convenient for us to use the bus to get there. とするのがふつうだよ。convenient 以外に「ヒト」を主語にしない形容詞には comfortable, dangerous, difficult, easy, important, impossible, necessary, pleasant, possible などがあるよ。

⊕生徒：形容詞にもいろいろな使い方があるんですね。

⊕校長：では類題。「私たちにとって彼は気難しい人です」を impossible という形容詞を使って言える？

⊕生徒：「私たちが彼を喜ばせる（満足させる）ことは不可能だ」と考えると It is impossible for us to please him. になると思います。

⊕校長：そうだね。通例、impossible は「ヒト」を主語にしない形容詞だけど、please の目的語となる him を主語の位置に移動して、He is impossible for us to please. とすることもできるよ。この場合、主語と please の目的語が一致しているのが条件だけどね。

⊕生徒：知りませんでした。形容詞には「ヒト」のみを主語にするものもあるんですか？

⊕校長：もちろんあるよ。able, capable, glad, happy, incapable, sorry, sure, unable

などがそう。「彼が仕事で成功したというニュースを聞いて嬉しいです」を glad という形容詞を使って表現してごらん。

（生徒）：I'm glad to hear the news that he succeeded in business. だと思います。

（校長）：そうだね。glad は「ヒト」を主語にする形容詞だから、It is glad for me to hear the news that he 〜 のような英語は不可ということだね。

（生徒）：形容詞の役割については中途半端な理解なので、解説をお願いします。

（校長）：形容詞には名詞を修飾する「限定用法」と補語になる「叙述用法」があるよ。限定用法は名詞を前から、あるいは後ろから修飾し、「叙述用法」は SVC、SVOC の C になるんだ。また、形容詞によっては elder, former, latter, living, mere, main, only などのように限定用法のみの形容詞があったり、alike, alive, alone, asleep, awake, content, glad, unable などの叙述用法のみの形容詞もあったりするよ。ちなみに、叙述用法のみで使われる形容詞には a- で始まる語が多いこともまた事実。さらに、certain, due, ill, late, present, right などのように、限定用法と叙述用法で意味が異なる形容詞もあるので、その都度、辞書で確認しておこうね。こういったことを参考にして「彼女は眠っている赤ちゃんの顔を見るのが好きです」を英語にしてくれる？

（生徒）：She loves to watch the face of her sleeping baby. です。

（校長）：そうだね。「眠っている」という日本語に引きずられて asleep としてはダメだよ。asleep は叙述用法のみだからね。では、もう一つ。「リオ・デ・ジャネイロの人口はどれくらいですか」はどう？

（生徒）：How large is the population of Rio de Janeiro? ですか？

（校長）：そうだね。かなり慣れてきたようだね。人口が「多い」は many でなくて large だからね。

Lesson 73 ▶ 紛らわしい形と意味をもつ形容詞

> **ここがポイント！**
>
> 形容詞には、imaginable, imaginative, imaginary のように、意味、用法、スペリングなどの点で混同しやすいものがあります。それぞれの単語を一語一語覚えるのは紛らわしく、忘れやすいものばかりですから、名詞との組み合わせでインプットしておくと効果的です。

㊟：資格試験の準備をして問題集を解いていたら imaginable「想像できる」、imaginative「想像性に富んだ」、imaginary「想像上の」と、形も意味も紛らわしい形容詞が出てきました。似たような形容詞がけっこうあって覚えにくいので、何か「特効薬」があれば教えていただきたいのですが…。

㊡：「特効薬」があれば苦労しないね。やはり、口調で覚えていくしかないんだけど、語尾が -able, -ible で終わっている形容詞の基本的な意味は「～できる」で、意味上の主語との関係が受け身になっているケースが多いよ。例えば、every imaginable means は「あらゆる考えられうる限りの手段」という意味だけど、意味上の主語である means「手段」との関係を考えると「想像されうる」という受け身の意味になっているのがわかるかな。

㊟：はい。-able, -ible があれば受け身を想定するという発想ですね。

㊡：そう。ちなみに、今の every imaginable means に加えて、an imaginary creature は「想像上の → 架空の生き物」、an imaginative writer は「想像力の富んだ作家」というように、名詞との組み合わせで覚えておくといいよ。

㊟：確かにその方が単語がパッと出てくるし、応用がききやすいと思います。

㊡：では練習といこうか。辞書を使ってもいいから、respect からきた形容詞を使ってこれから言う日本語を英語にしてみてくれる？　まず「尊敬される先生」は？

㊟：a respectable teacher です。語尾が -able だから受け身の意味になります。

㊡：「尊敬される先生」は「尊敬すべき先生」と意訳できるね。次は、keep

a respectful distance を日本語にしてみてくれる？

（生徒）：respectful は「敬意を表する、丁重な」だから、a respectful distance で「敬意を表する距離」で、keep と結びつくと「敬意を表する距離を保つ → 敬意を払って（丁重に）やや距離を置く」という意味だと思います。

（校長）：そうだね。少し難しくするけど「私たちのそれぞれの未来への夢」を英語にしてくれる？

（生徒）：our respective future dreams です。

（校長）：respectable「尊敬される、品のよい」、respectful「敬意を表する、丁重な」、respective「それぞれの」の違いがわかったかな？

（生徒）：respectable や respectful が「尊敬・尊重」から来ているのはわかるのですが、<u>respective の「それぞれの」は、「尊敬」とは関係ないように見える</u>のですが…。

（校長）：よい質問だよ。<u>respect は「点」という意味もあり、そこからきたのだね。</u>

（生徒）：なるほど。それで、in this respect「この点で」とか in many respects「多くの点で」という言い方があるのですね。名詞にもいろいろな意味があり、その意味によって名詞から派生する形容詞の形が違うものがあると習ったことを思い出しました。

（校長）：例を挙げられる？

（生徒）：…あっ！　industry という名詞には「産業」とか「勤勉」という意味があり、形容詞は前者が industrial、後者が industrious でした。

（校長）：その調子。<u>英語には意味、用法、スペリングなどの点で混同しやすい形容詞があるから、名詞と組み合わせておさえること</u>が効果的であることを確認しておくよ。

（生徒）：今、英語独自の語と語のつながりをまとめたノートを作っているのですが、その中に加えて覚えていきます。

（校長）：素晴らしい取り組みだね。

（生徒）：ありがとうございます！

Lesson

74 ▶数量詞

all, many, much, some, (a) few, (a) little などを「数量詞」と言います。数量詞は形容詞だけでなく、代名詞や副詞としても用いられるのですが、別の語と組み合わせると思わぬ意味になることがあります。今回はquite a fewを中心に見ていきます。

生徒：フェイスシールドを買いたいと思って、ホームセンターに行って、店員さんに尋ねたところ、「他にもたくさんのお問い合わせを頂いております」と対応されました。結局、在庫はなかったのですが、そのとき一緒に行ったジェニファーが「店員さんは最初、何て言ったの？」と聞いてきたんです。

校長：うまく伝えられた？

生徒：英語でうまく表現できなくて「ごめんね」と言いかけたとき、横にいた姉が We've already had quite a few inquiries. だと教えてくれました。

校長：理解できたかな。もしかして今日来たのはその中の quite a few についてじゃないの？

生徒：そうなんです。a few は「少し」と覚えていたので、「かなり、まったく、すっかり」などの意味の quite と一緒に使うと「かなり少ない」だと思いました。なぜ「たくさんの〜」になるんですか？

校長：few は元々、「ほとんどない」というマイナスイメージの意味だけど、a がつくとプラスイメージの「少しはある」になるのは知っている？

生徒：はい。

校長：〈a few ＋ 可算名詞〉や〈a little ＋ 不可算名詞〉に quite をつけて〈quite a few ＋ 可算名詞〉、〈quite a ＋ 不可算名詞〉とすると反語的に作用し、「(少しどころか) かなりの〜、相当の〜 → とてもたくさんの〜」の意味になるよ。つまり、few に a がつくと少し肯定感を加え、quite がつくとさらに肯定感が増すということだね。

（生徒）：そうだったんですか…。

（校長）：今のは理屈だから成り立ちがわかれば、〈quite a few ＋ 可算名詞〉、〈quite a little ＋ 不可算名詞〉ときたら「たくさんの〜」で覚えてしまうことだね。

（生徒）：そうします。それで You know quite a little. を「君はけっこう、知っている」などと訳す理由がわかりました。

（校長）：それなら a few や a little の前に not をつけた形は？

（生徒）：これはすぐにわかります。〈not a few ＋ 可算名詞〉、〈not a little ＋ 不可算名詞〉は「少なからず多くの〜」です。

（校長）：では only をつけると？

（生徒）：〈only a few ＋ 可算名詞〉、〈only a little ＋ 不可算名詞〉は「ほんの少しの〜」です。

（校長）：わかってきたようだね。ちなみに、数量詞は代名詞や副詞として用いられることもあるよ。① Little is known of his childhood. と ② Little did I dream that he would be a famous engineer. はわかる？

（生徒）：①は「彼の幼年時代についてはほとんど知られていません」で Little が代名詞、②は「彼が有名な技師になるとは少しも思いませんでした」で Little が副詞です。

（校長）：完璧。副詞の little には not at all の意味もあるからね。では、A little dog came running toward us. は？

（生徒）：「一匹の小さな犬が私たちの方に向かって走ってきました」です。

（校長）：そう。〈little ＋ 可算名詞〉は「小さな〜」だね。少しレベルを上げるけど、「昨日、公園には子どもはほとんどいませんでした」を英語にできる？

（生徒）：数量詞は、限定用法で用いるのがふつうだから、Children were few in the park yesterday. とは言わず、There were few children in the park yesterday. にするんですよね。

（校長）：Very good!

Lesson 75 ▶ 否定の意味をもつ疑問文への答え方

ここが
ポイント
！

日本語の「納豆を食べたことはないのですか」に対する「はい、ありません」「いいえ、あります」という返答は、前者が「はい」（肯定）＋「ありません」（否定）、後者が「いいえ」（否定）＋「あります」（肯定）の組み合わせになるだけに、瞬間的対応が求められる実際の英語コミュニケーション場面では使い分けに戸惑いが生じがちです。今回は、Yes と No の使い方から日本語と英語が本質的に異なる言語だということを感じ取ってほしいと思います。

生徒：外国の方と会話をする時、「〜ではないのですか」という否定疑問文で聞かれると、ドギマギしてしまって頭が真っ白になってしまいます。根本がわかっていないからだと思います。苦手意識を取り除くためにもスッキリした解説をお願いします。

校長：基本的には Yes と否定文、No と肯定文が一緒に出てくることはないよ。そうだね、Didn't you go there?「そこに行かなかったのですか」に対する「はい、行きませんでした」を英語で答えてくれる？

生徒：「はい」だから Yes かな…。でも「行きませんでした」だから…？？？

校長：返答が肯定なら Yes、否定なら No とするのが英語の原則。これはふつうの疑問文でも否定疑問文でも同じだよ。「そこに行かなかったのですか」に対する「はい、行きませんでした」の場合、返答は肯定、それとも否定？

生徒：「行きませんでした」だから否定です。だから、No, I didn't. なんですね。

校長：そう。練習をやってみようね。Your son isn't very patient, is he?「あなたの息子はあまり我慢強くないですね」に対する No, you are right, he isn't. の意味はわかる？

生徒：「はい。おっしゃる通り、あまり我慢強くありません」だと思います。

校長：理解できたみたいだね。Is it blue?「それは青色ですか」No, it's green.

「いいえ、それは緑色です」のような場合もあるけど、これは No, it isn't. It's green. のことだと理解しておこうね。また戻るけど、Didn't you go there? に対する「はい、行きませんでした」は本来なら No, I didn't. だけど、状況によっては相手の立場になって「おっしゃる通り。行きませんでした」の意味で Yes, I didn't go there. と言うこともあるので参考までに。

(生徒)：先日、オンライン英会話で Do you mind my parking here overnight? 「ここに一晩中、駐車してもいいですか」の「はい、どうぞ」は Not at all. や Of course not. と学習しました。「はい、どうぞ」は肯定なのになぜ not が使われているんですか？

(校長)：mind の意味を辞書で調べてごらん？

(生徒)：「～を気にする、～をいやがる、～を迷惑に思う」とあります。

(校長)：では Do you mind my parking here overnight? を直訳してごらん？

(生徒)：「私がここに一晩中、駐車することを迷惑だと思いますか」です。

(校長)：それでは No, I don't mind. で受けた場合の意味は？

(生徒)：「いいえ、迷惑だとは思わない」です。そうか！　だから「いいですよ」になるんですね。納得しました。

(校長)：mind が「～を気にする、～をいやがる、～を迷惑に思う」のマイナスの意味だから、それを打ち消すと肯定になるというわけ。だから、No, I don't mind at all. や Of course [Certainly.] I don't mind. の省略形である Not at all. / Of course [Certainly] not. が「いいですよ」の意味になるんだね。でも、実際の会話では Sure [Surely]. / All right. / OK. なども使われているよ。

(生徒)：了承する場合の返答はわかりましたが、了承しない場合はどのように表現するのですか？

(校長)：Yes, I do mind. や Well, I'd rather you didn't. 「ご遠慮願います」などで対応するのがふつうかな。いずれにせよ、「習うより慣れろ」の気持ちでネイティブとコミュニケーションを図ってほしいね。スッキリした解説になっていたかな？

(生徒)：十分です。

Lesson

76 ▶ 文修飾副詞

> **ここが ポイント！**
>
> 　副詞は動詞、形容詞、他の副詞、文全体を修飾するなど、使い方が多岐にわたるため、慣れるまで少し時間がかかるものです。ここでは文全体を修飾する「文修飾副詞」をクローズアップします。

🧑‍🎓：昨日、年老いた船乗りの生涯を描いた映画を鑑賞したのですが、航海中、ひどい嵐に遭遇し、危険な状態が続く中、ギリギリ助かるという場面があるんです。ナレーターの語りの中に Happily, the old sailor didn't die. という文があり、字幕では「幸いなことに、老練なる船乗りは死なずに済んだのです」となっていました。私としては、Happily という副詞が文の先頭にくる英文の形に違和感があり、The old sailor didn't die happily. の方がふつうだと思うのですが、なにか違いがあるのですか？

🧑‍💼：副詞は動詞、形容詞、他の副詞、文全体等を修飾するなど、いろいろな働きをするけど、一番多いのが動詞を修飾するケース。「修飾」という言葉がわかりにくければ「補足説明」といってもいいかもしれないね。Happily, the old sailor didn't die. のように<u>副詞が文の先頭にくる場合は、文全体を「補足説明」することが多く、「〜なことに」と訳すとうまく場合が多い</u>よ。

🧑‍🎓：全体の意味としては、「その年老いた船乗りが死ななかった」ことが「幸いだった」と理解すればいいのですか？

🧑‍💼：そうだね。では、The old sailor didn't die happily. はどうなると思う？

🧑‍🎓：「その年老いた船乗りは幸せに死ななかった」だと思うのですけど…。

🧑‍💼：ここでは happily が動詞である die を修飾し、さらに not が die happily を否定しているので「幸福な死に方をしなかった」のニュアンスだね。

🧑‍🎓：なるほど。副詞も位置によって意味が変わることがあるんですね。

🧑‍💼：そう。<u>文の先頭にくる副詞は文全体を修飾する場合が多く</u>、コンマをつ

けて Happily, the old sailor didn't die. としたり、文中にコンマをつけて The old sailor, happily, didn't die. としたりすることもあるよ。

（生徒）：他に文全体を修飾する副詞にはどんなものがあるんですか？

（校長）：ちょっと難しくなるけど、文の内容に対する「判断・評価」を示すものとしては evidently, inevitably, obviously, undoubtedly など、また、話し手や書き手の「心情・態度」を表すものとしては fortunately, happily, naturally, strangely などが頻出だね。英字新聞では、文を簡略化するだけでなく、断定を避けるために、It is reported that ～ の意味で reportedly「伝えられるところによると」、It appears [seems] that ～ の意味では apparently [seemingly]「明らかになったところでは」などをよく使っているよ。

（生徒）：英字新聞で文を簡単にしたり、表現を和らげたりするために副詞を使うなんて初めて知りました。記事を書く人はすごく工夫されているんですね。

Lesson 77 ▶ ディスコース マーカー

ここが
ポイント
！

語と語、文と文、パラグラフとパラグラフの論理接続関係を表す語句をディスコースマーカー（談話標識）と言います。英文を読解する際、ディスコースマーカーの働きを知っていれば、内容理解に直結するだけでなく、速読の助けにもなります。例えば、「対比」を表す副詞 however があったら、前後関係が「プラスイメージ → however → マイナスイメージ」もしくは「マイナスイメージ → however → プラスイメージ」を想定することが大切であり、そこから未知語を類推するといったリーディングスキルも身につくのです。

生徒：英語を使った数学のイマージョン授業があり、ネイティブの先生が rational numbers「有理数」について、In other words, when A is an integer and B is a non-zero integer, the numbers that can be expressed as A/B are rational numbers. と解説されました。

校長：意味はわかった？

生徒：「言い換えれば、A が整数で、B がゼロ以外の整数のとき、A/B と表すことができる数は有理数である」です。その後、On the other hand, numbers that cannot be expressed as fractions, such as $\sqrt{X}$ and $\sqrt{Y}$, are called irrational numbers. For example ～ と付け加えられました。

校長：大丈夫かな？

生徒：はい、なんとか。「他方、$\sqrt{X}$や$\sqrt{Y}$のような分数として表すことができない数は無理数と呼ばれる。例えば～」です。

校長：そう、有理数とは分数の形で表せるもの、無理数とは平方根のように実数のうち有理数でないもの、つまり分数の形に直せない数のことだね。数学のことは数学の先生に聞いてもらうとして…今日は？

生徒：お聞きしたいのは In other words「言い換えれば」、On the other hand「他

174

方」、For example「例えば」などの「つなぎ言葉」についてです。よく見かける表現なので…。

校長：このような語句は、前後の論理関係を表すものでディスコースマーカーと言われているよ。用語はさておき、確かに君が言う「つなぎ言葉」になっているね。ディスコースマーカーには「言い換え」を表す in other words「言い換えれば」、「対比」を表す on the other hand「他方」、「具体例」を表す for example「例えば」、「要約」を表す in short「要するに」、「結果」を表す as a result「結果として」等があるよ。最初の文は、rational numbers についての「言い換え」を In other words 以下の when 〜 で述べているね。後の文はどうかな？

生徒：on the other hand を用いることによって、rational numbers を irrational numbers「無理数」と「対比」していると思います。

校長：そうだね。では一題。有名な哲学者デカルト（Descartes）の言葉だけど、I think, therefore I am. の therefore の働きはわかる？

生徒：意味は「我思う、故に我あり」だと思うのですが、therefore の働きは…？

校長：therefore は副詞で、A, (and) therefore B の時、A と B の関係は「原因 → 結果」や「前提 → 結論」を表すよ。だから、「『前提』として、自分はなぜここにいるのかと考えること自体、『結論』として、自分が存在する証明である」ということになるね。デカルトは、人によって異なる感覚を疑い、また、自分が好んだ幾何学（数学）を疑い、さらに、起きている時にもつ思考さえ夢かもしれないと疑ったそうだよ。

Lesson

78 ▸by the way

ここが
ポイント
！

　　　　by the way というと「ところで」一辺倒になっていませんか？　その他の使い方もあります。今回は多様な用例を見てみましょう。

㊀生徒：先日、友達とレストランに行きました。その友達がご家族の方とよく一緒に行くというお店だそうで、とても美味しく、店員さんはアメリカ人で英語の勉強にもなりました。

㊀校長：それはよかったね。今日はそこで耳にした英語についてかな？

㊀生徒：はい。友達は、This is the restaurant I was talking about. The pizza has a very delicious flavor. By the way, they only accept cash. と言いました。

㊀校長：意味はわかった？

㊀生徒：「ここが僕の話していたレストランだよ。ピザがとても美味しいんだ。By the way は？？？…現金でしか支払いができないよ」

㊀校長：質問は by the way だね。

㊀生徒：そうなんです。by the way が「ところで」という意味は知っているのですが、使い方が…。

㊀校長：by the way は新たな話題の導入、つまり、本題に入る前置きとして使われる表現だけど、より重要な情報を引き出しつつも関連する情報を付け加えたりするときにも使われるよ。ここでは友達がよくご家族と一緒に行くというレストランに君を連れていき、そこで出されるピザがとても美味しいという情報に、現金でしか払えないという新たな情報を付け加えているんだね。

㊀生徒：はい。

㊀校長：by the way が情報追加の働きをする場合、「ついでながら、ちなみに」と訳すと文意がわかりやすくなるよ。

生徒：確かにそうですね。

校長：by the way を使った例を確認してみようね。そうだなあ。友達の家に行って、時間を忘れるほど遊びに熱中してしまったとして、その時、Oh, by the way, remember that the last bus leaves at 8 pm. と言われたと仮定してごらん。意味はわかるかな？

生徒：「話の途中ですが、最終バスが午後8時に出発することを忘れてはいけないよ」くらいですか？

校長：そうだね。<u>by the way は、このように何かを思い出して情報を追加する時などにも使われるんだ。</u>

生徒：日本語の「ところで」は、話題を変えるときだけでなく、ちょっとした紹介文や話の本筋に入る時にもよく使われるけど、英語の by the way と比べると面白そうですね。

校長：これはついでの話（This is by the way. と言います！）だけど、by the way は友達同士でのメールや SNS で使うカジュアルな表現でもあり、テキストメッセージでは BTW と略されているよ。ビジネスなどでは、フォーマルな表現として by the way ではなく、incidentally を使っているけどね。

生徒：Thank you for your time. お時間を取ってくださり、ありがとうございます。

Lesson

79 ▶ 部分否定

ここがポイント！

「誰もが皆、偉大な芸術家になれるとは限りません」（Not everyone can be a great artist.）のように、文の一部を否定するものを「部分否定」と言います。今回は部分否定について考えます。

---

⑰生徒：All that glitters is not gold. は「輝くものすべて金にあらず」の意味で、all や every など、「すべて」という意味の語を not で否定すると部分否定になると習ったのですが、これはすべてにあてはまるのですか？

⑰校長：そうとは限らないよ。例えば、All his efforts would not please the child.「彼の努力すべてをもってしても、その子を喜ばせられないだろう」のように、all が「集合的」な意味の場合は部分否定にならないこともあるよ。

⑰生徒：部分否定を見分けるにはどうすればいいですか？

⑰校長：文脈次第だけど、目安としては not に「全体・完全」の意味の形容詞や副詞が続いているときには、部分否定を想定すればいいんじゃないかな。

⑰生徒：「全体・完全」を表す意味の形容詞や副詞ってどんなものがありますか？

⑰校長：absolutely, altogether, always, both, completely, entirely, necessarily, quite, wholly など。not で否定した場合の意味としては、「すべてが［両方とも、いつでも］〜とは限らない」にまとめることができるよ。Your answer is not quite correct. と Your answer is not correct at all. の違いはわかる？

⑰生徒：最初の方は quite が「完全に」の意味だから部分否定で「あなたの答えは正しいというわけではありません」、後の方は not 〜 at all が「全然〜ではない」の意味で全体否定だから、「あなたの答えに正しいところはまったくありません」つまり「あなたの答えはまったく正しくありません」だと思います。

⑰校長：そうだね。後者のような「全然〜でない」は全体を否定するから全体否

定と言うね。でも実際のコミュニケーション場面では、部分否定か全体否定かが曖昧なこともあるから、状況に応じた理解が必要だよ。

生徒：例文をお願いします。

校長：そうだね。例えば、Have you read all of the textbooks I lent you the other day? 「私が先日あなたに貸したテキストをすべて読みましたか」に対する No, I have not read all of them yet. で考えてみると、not だけを強く発音した場合は全体否定になり「いいえ、まだ全部読んでいません」になるのに対し、not と all を同じように強く発音した場合は部分否定となり、「いいえ、まだ全部読んだというわけではありません」の意味になるよ。

生徒：勉強になりました。

Lesson

80 ▶否定辞繰り上げ

ここが
ポイント
！

　英語では「〜でないと思う」は〈I think that + 否定文〉ではなく、〈I don't think that + 肯定文〉で表す傾向があり、これを「否定辞繰り上げ」と呼んでいます。今回はこれを説明しましょう。

（生徒）：だいぶ前の話なんですけど、スピーチコンテストの予選の日に、時間に遅れることなどこれまで一度もなかった友達が、待ち合わせの時間になってもなかなか来なかったんです。携帯にかけてもつながらないし、他の友達も、引率してくれたネイティブの先生もとても心配していました。

（校長）：何かあったの？

（生徒）：家を出てから携帯を忘れてしまったことに気づいて、取りに帰っていたそうです。連絡する術がなくて、家に着いてから携帯で連絡してきました。待ち合わせ場所には遅れたけど、お父さんに車で送ってもらったので、開始時間にはなんとか間に合いました。

（校長）：よかったね。ずいぶん前の話をするっていうことはそのときから今まで、何か引きずっていることでもあるの？

（生徒）：はい。英語のことなんですけど…。時間を守る友達のことを「彼は遅刻しないと思います」と表現したくて、I think he won't be late. と言ったら、ネイティブの先生も I don't think so, either. と言った後で、I don't think he will be late. とさりげなく訂正されました。その理由が今までわからず、つい聞きそびれてしまったんです。「〜でないと思います」は〈I think (that) + 否定文〉ではないのですか？

（校長）：さりげなく訂正するところはさすがだね。英語では think, believe, suppose, expect, guess, imagine など、「思考・推測」といった弱い断定を表す動詞の場合、not を前に出す傾向があるのがネイティブの感覚。これを「否

180

定辞繰り上げ」と呼んでいるよ。もちろん、I think 〜 という言い方が間違えというわけではないけど。日本語なら「彼は遅刻しないと思います」と「彼が遅刻するとは思いません」は厳密な意味では同じでないけど、英語では否定なら否定であるということをなるべく早く聞き手、読み手に伝えるために not を前に出す傾向がある、あるいは、that 節を否定にすると断定的な口調に聞こえるから not を前に出すという説明が一般的かな。文法用語を覚えてもしかたがないから「〜でないと思う」系の文は〈I don't think（that）＋ 肯定文〉とおさえておけばいいんじゃないの。

（生徒）：ネイティブの感覚って面白いですね。言葉が違うんだからその外国語を話す人たちに慣れることも大切ですよね。

（校長）：「否定辞繰り上げ」は先ほど説明した「思考・推測」を表す動詞の場合だけで、know, say, hope など、主節の否定と従節の否定とでは意味が異なってしまうような場合には適用できないよ。応用編といこうか。「今夜は雪が降らないでほしい」を英語にしてくれる？

（生徒）：I hope it will not snow tonight. ですか？

（校長）：その通り。hope は「望ましい」ことを目的語にとる動詞だから、否定辞繰り上げをして I don't hope it will snow tonight. とすることはできないんだ。

（生徒）：勉強になります。

（校長）：ところでスピーチコンテストの結果はどうだったの？

Lesson

81 ▶ 準否定語

ここが
ポイント
！

> not, never, no といった否定語が文や語句を完全に打ち消す
> のに対し、「ほとんど～ない」という意味の hardly, scarcely や
> 「めったに～でない」という意味の rarely, seldom は完全にすべ
> てを打ち消すものでないため、準否定語と呼ばれています。今
> 回はこれらの準否定語について考えます。

生徒：先日、祖母の家に遊びに行きました。祖母は今年で 90 歳になるんです
けど、一人暮らしなんです。

校長：お元気なの？

生徒：はい。

校長：それは素晴らしい。いつまでも元気でいていただきたいね。

生徒：でも、最近、めったに外出することがなくなって、ヘルパーさんが来て
くれているんです。食事も作ってくれ、お風呂にも入れてくれるので安心で
す。

校長：よかったね。それで今日は？

生徒：今の状況を授業で英語を使って表現する場面があったんですが、「私た
ちの祖母は、以前は毎日のように外出していたけど、最近は外出する回数が
めっきり減ってしまったのです」と言いたくて、Our grandma hardly go out
these days. としたら、Our grandma rarely goes out ～、もしくは Our grandma
hardly ever goes out ～ と修正されました。どこがいけなかったのでしょう
か？

校長：hardly と scarcely は「ほとんど～ない」の意味で、「程度」や「絶対量」
が少ないこと、rarely と seldom は「めったに～ない」の意味で、「頻度・回
数」が低いことを表すよ。実際の会話では、hardly ＞ scarcely と、rarely ＞
seldom という関係かな。ここでは「外出する回数がめっきり減った」とい
う「頻度・回数」だから hardly ではなく、「めったに～しない」の意味の

rarely、もしくは hardly ever とするんだね。hardly ever が「頻度・回数」を表す表現になることもおさえておいてほしいな。また、hardly, scarcely, rarely, seldom は副詞だから Our grandma hardly go 〜 ではなく、goes だよ。

（生徒）：わかりました。別の質問ですが、Hardly had the baseball game started when it began to rain. という文は As soon as the baseball game started, it began to rain.「野球の試合が始まるとすぐに雨が降り始めました」に書き換えられると習ったのですが、なぜそうなるのかまだよく理解できていないのです。

（校長）：この形は準否定語である Hardly が文頭に出ているため、その後は倒置されて疑問文の語順になっているね。会話ではあまり使われない、典型的な書き言葉だよ。とりあえず、直訳で考えてみようか。「雨が降り始めたときの野球の試合の状態」は？

（生徒）：「ほとんど始まっていない状態」です。

（校長）：ということは、「野球の試合は少しは始まりかけていた → 始まるか始まらないかくらいだった → 始まるか始まらないかのうちに → 始まったとたん → 始まるとすぐに」と意訳できるんじゃないかな？

（生徒）：なるほど。確かにそうです。

（校長）：動詞も過去形と過去完了形を使い、時間軸を前後させて表現しているけど、日本語で考えると、実際の時間的順序である「野球の試合開始 → 雨が降り始めた」という二つの事柄に時間的な差がなくなり、「雨が降り始めたのと、野球の試合の開始時間はほぼ同じ」というニュアンスが生まれるんだね。

（生徒）：それで「〜するとすぐに…」の意味の〈As soon as 〜〉に書き換えられるんですね。

（校長）：要領がわかれば、〈Hardly 〜 when ...〉で「〜するかしないかのうちに… → 〜するとすぐに…」とおさえておこうね。また、〈As soon as 〜〉は、「時間差」がない出来事を表している関係上、ともに過去形を使っている点にも注意。さらに、〈Hardly 〜 when ...〉と同じ意味を生み出す〈Scarcely 〜 before ...〉、〈No sooner 〜 than ...〉も同じ要領で考えればいいことを付け加えておくよ。

Lesson

82 ▶二重否定

ここがポイント！

英語を読んだり、聞いたりしていると文の中に否定語が二つある、いわゆる「二重否定」に出合うことがありますが、慣れていないと誤読・誤聴してしまいがちです。日本語にもある表現方法なので、なじみがないわけではないはず。順を追って考えてみましょう。

生徒：ライティングの授業で、There is no one who cannot learn. という英文が出てきて、担当のネイティブの先生が黒板に「〈no one（否定）× cannot learn（否定）〉＝ ？」と書いた後、私に Put this English into Japanese. 「この英語を日本語にして」と言われました。

校長：できた？

生徒：「二重否定」がひらめいて、「学ぶことができない人は誰一人いない」と直訳してから「どんな人でも学ぶことはできる」と意訳しました。

校長：素晴らしい。よくわかっているね。その通りだよ。

生徒：ネイティブの先生も Very good. と褒めてくれ、その後、二重否定を使って皆に Don't fail to remember what she explained. 「彼女が説明したことを必ず覚えておいてね」と言われ、さらに、This kind of expression is not uncommon in English. 「この種の表現は英語ではまれではないよ」ともつけ加えられました。

校長：二重否定を体感してもらうために工夫されているんじゃないかな。それで今日は何の質問かな？

生徒：はい。この前、授業で「この写真を見るといつでも子どもの頃のことを思い出します」を英作することになり、二重否定を使って、I can't look at this photo without reminding of my childhood. としたところ、～ without being reminded of my childhood. と修正されました。〈remind A of B〉の意味が「A に B を思い出させる」だから「A は B を思い出す」にするには受け身形にしなければならないと気づきました。しかしその後、ネイティブの先生に When I look at this

photo, I'm always reminded of my childhood. の方がわかりやすいよ、と言われ
ました。二重否定には何か特殊な使い方でもあるのですか？

校長：<u>日本語でも「成績が上がって喜ばない生徒などいない」のように、否定</u>
<u>語を二度用いて肯定を強調する二重否定が用いられるけど、英語でも同じだ</u>
<u>よ。話し言葉でよく使われ、意図的に肯定の度合いを強めたり、婉曲的に肯</u>
<u>定したりするといった効果</u>があるよ。ただし、一文の中で否定語を繰り返す
と文意が伝わりにくくなることがあるから、肯定文で表現した方が聴きやす
く（読みやすく）なることもまた事実なんだ。どちらがどちらというわけで
はないけど、ネイティブの先生の真意はそのあたりにあるんじゃないかな。

生徒：授業の終わりに、You can't be a good speaker of English unless you have
had practical experience. とも言われました。

校長：意味はわかる？

生徒：〈can't（否定）＋ unless ～（否定）〉だからこれまた二重否定。直訳は
「～がなければ…できない」で、「～があれば…できる」と意訳できるから「実
経験を積めば、英語が上手になれるよ」だと思います。

校長：習熟されているようだね。

生徒：もう少しお時間をいただいてもいいですか？

校長：どうぞ。

生徒：「私は何も知りません」は英語で I don't know anything. か I know
nothing. だと思っていたのですが、I don't know nothing. も使えるのですか？

校長：文法としては ？？？ だけど、ネイティブの会話を聞いていると実際、
使っているね。でもなるべく正しい英語を用いるように努力してほしいな。

生徒：わかりました。別の質問ですけど、この前、ディベートの時間に何も
しゃべらなかったら、先生から Don't just say nothing. と言われました。意
味は「何も言わないのはダメよ」で合っていますか？

校長：大丈夫だよ。もう一つ言っておくと、nothing, nobody, no one などが文
のSの場合、Vの否定形とともに用いることはできないんだ。例えば、「誰
も未来のことはわかりません」を英語にできる？

生徒：Nobody can't foretell the future. とするのではなく、Nobody can foretell
the future. にするということですね。

校長：ご名答。よくできました。

Lesson

83 ▶否定語のない否定

> **ここが ポイント！**　外国語として英語を勉強する際、どうしても自国語の文法や語彙の特徴を英語にあてはめて考えてしまうため、母語の干渉を受け、不自然な言い回しになってしまいがちです。今回は、英語では否定語がなくても、日本語にすると否定文になる表現について学習します。

㊙：英会話で扱った対話文の中に、You're a good liar, aren't you?「あなたってうそがお上手ね」に対して Anything but. と返答するやりとりがありました。ネイティブの先生からここでの Anything but. は I'm anything but a good liar. のことで、「私は決してうそがうまいわけではありません」という意味であり、anything but を far from としてもほぼ同じという説明を受けました。far from は元の意味が「ほど遠い」ですから「うそがうまいというにはほど遠い → 決してうそがうまいわけではない」が思い浮かぶのですが、どうして anything but が「決して〜でない」になるのかよくわかりません。

㊗：far from と同じように、anything but の元の意味を考えてみようね。肯定文で出てくる anything の意味は？

㊙：「どれでも、なんでも」です。

㊗：そうだね。but には「〜を除いて」の意味があるから anything but にすると…。

㊙：「〜を除いたものはどれでも」です。

㊗：そこから「〜を除いたものはどれでも → 〜だけは違う → 決して〜でない」の意味が生まれるんだね。

㊙：なるほど。この前見た映画の中にも I'll do anything but that. という台詞が出てきたのですけど、それが「そればっかりはごめんだ」と訳されていた理由がわかりました。元の意味である「その以外のことならなんでもする」から来ていたんですね。ちなみに、nothing but a good liar なら「うそがうま

186

い以外の何でもない → うそがうまいだけ」になると考えていいのですか？

校長：その通りだよ。anything but なら a good liar を否定しているけど、nothing but なら a good liar を肯定することになるんだね。いずれにせよ、直訳で元の意味をおさえ、意訳していく手順の方が頭に入りやすいと思うよ。昔から anything but を far from, absolutely not, by no means, in no way, not in the least 等とほぼ同じ意味として紹介しているのはあくまでも便宜的なものにすぎないよ。

生徒：よくわかりました。「否定語のない否定」について、もう少し解説してください。

校長：それでは、This composition is entirely free from grammatical errors. はどうかな？

生徒：free from は「〜をまぬがれている」だから、「この作文には文法の誤りはまったくありません」です。

校長：はい。では「暗くならないうちに家に帰ったほうがよいです」を英語にしてくれる？

生徒：You should go home before it doesn't get dark. ですか？

校長：「暗くならないうちに」を英語にする場合は「暗くなる前に」と考えて、before it gets dark とするよ（before dark も可）。次は The worst is yet to come. は？

生徒：「最悪の事態がまだこれからやってきます」という直訳から「最悪の事態はまだ来ていない」と意訳できます。確か、be yet to は「まだ〜でない」と習ったように思います。

校長：OK。続いて、This scenery is beautiful beyond description. ならどう？

生徒：「この光景は、筆舌に尽くしがたい」です。

校長：レベルの高い和訳だね。「この光景は、描写を超えた美しさです → 言葉で表現できないほど美しいです」のことだね。もう一つ。His rudeness is more than we can bear. は？

生徒：「彼の失礼な態度は私たちには耐えられる以上のものです → 彼の失礼な態度は私たちには耐えられません」です。We can't put up with his rudeness. のことだと思います。

校長：よく理解できているね。

Lesson

84 ▶ 「どう」を英語で 「どう」表す？

ここが
ポイント
！

　日本語の「どう」を英語にする場合には、文型や文意に応じて How や What 等を用い、様々な言い方ができます。英語を学んである程度の経験を積めば、誰でも適切な使い方ができるようになりますが、最初の頃は、「どう ＝ how」のイメージが強く、間違いやすいところです。

⊕生徒：先日、授業で初めてディベートに挑戦したのですが、難しかったです。

⊕校長：テーマは何だったの？

⊕生徒：bullying「いじめ」です。

⊕校長：自分の考えをうまく伝えることはできたかな？

⊕生徒：思ったことをすぐに英語にできませんでした。まだまだ表現力が足りないと感じています。

⊕校長：それに気づいただけでも一歩前進だね。最初は誰だってうまくいかないけれど、続けることが大切だよ。

⊕生徒：はい、頑張ります。それで校長先生、ディベート以前のレベルですが、教えてほしいことがあるんです…。

⊕校長：どうぞ。何かな？

⊕生徒：授業で「学校でのいじめ問題についてどう思いますか」をネイティブの先生は What do you think about the problem of bullying in schools? と表現されました。日本語の「どう」は How だと思っていたので、なぜ What になるのか合点がいかないんです。

⊕校長：What do you think about ～ ? は、think の目的語となる名詞を疑問代名詞に置き換えたものと考えればいいんだ。How do you think about ～ ? は非標準的とされているし、日常会話でも使わないよ。

⊕生徒：わかりました。What do you think about ～ ? でそのままインプットします。

校長：そうだね。What do you think about 〜？は一般的内容について幅広く意見を求める場合、What do you think of 〜？にすると個別の事情に関する内容を尋ねる場合に用いるという傾向があるよ。また、「学校でのいじめ問題についてどう感じますか」なら、正しい英語では How do you feel about the problem of bullying in schools? だけど、実際の会話では What do you feel about 〜？も使われているね。

生徒：意味の上からも、会話の上からも使い方がいろいろあるのですね。よくわかりました。

校長：文法はとても大事だけど、あまりナーバスにならないようにね。間違えてもいいから積極的に発話する姿勢を身につけることをお勧めするよ。

生徒：はい。心がけます。この前、動画でアメリカ人のディベートを見ました。内容はよくわからなかったけど、自分の意見をはっきりと主張している姿が印象的でした。

校長：それがディベートのやり方。自分の意見を論理的に話す大切さがわかったんじゃないかな？　ところで授業で挑戦したという肝心のディベートの内容を教えてよ。

Lesson

85 ▶ 間接疑問文

ここが
ポイント
！

> 疑問詞節〈5W1H＋(S) V〜〉や if (whether) 節が名詞節として文の一部になったものを「間接疑問文」と言います。今回は、この「間接疑問文」の語順を考えてみましょう。

生徒：今、授業でショートストーリーを読んで、英問英答する練習をやっているんです。

校長：英語4技能の基礎を養う意味で、よい取り組みだね。

生徒：英語を話せる環境をつくっていただいているのでありがたいです。先日読んだ英文は、貧しい家庭に生まれ、いつかピアノを弾いてみたいと思っていたヒロインが、天性の才能を活かして素晴らしいピアニストになり、貯めたお金で晩年に児童養護施設を設立するという内容でした。

校長：楽しんで取り組んでいるようだね。

生徒：はい。でも、ネイティブの先生から What do you think made her dream come true?「何が彼女の夢を実現させたと思いますか → なぜ彼女の夢は実現したと思いますか」と質問されたのですが、その意味がすぐにわかりませんでした。今日、聞きたかったのはその表現方法なんですが Do you think what made her dream come true? ではいけないのですか？

校長：SV の後に〈疑問詞＋(S) V〜〉が続くような文を「間接疑問文」と言うのは知っている？

生徒：はい。Do you know where he lives?「彼がどこに住んでいるか知っていますか」のような文ですね。だから Do you think what made 〜 ？ が浮かんだのです。

校長：<u>間接疑問文でも think [believe, suppose] 等の「思考・判断」を表す動詞の場合、〈What do you think ＋ (S) V 〜 〉のように、疑問詞の後に置くこ</u>

とになっているよ。

（生徒）：なぜそんなことをするんですか？

（校長）：be 動詞や do [does, did] などで始まる疑問文は Yes / No で返答し、What や Who などの wh- 疑問文は Yes / No で返答できないということを思い出してほしいな。

（生徒）：あっ！　確かに、Do you think what made her dream come true? に対して Yes, I do. / No, I don't. と答えるのは不自然です。それで What を先頭に出して What do you think ～? とするんですね。すっきりしました。

（校長）：理解が早いね。ただし、say や guess などの「発言」を表す動詞の場合は、2 通りの使い方があるよ。例えば、Can you guess how old I am? に対する No, I can't. と How old would you guess I am? に対する About fifty. の意味はわかる？

（生徒）：前の方は「私が何歳か言い当てられますか」「いいえ、できません」で、後の方は「私が何歳だと思いますか」「50 歳くらい」です。

（校長）：そうだね。前の文の guess は「言い当てる」の意味で Yes / No で返答できるのに対し、後の文の guess は「推測する」の意味で「思考」動詞だから Yes / No で答えられないんだね。つまり、「意味の重点」がどこにあるかで語順が決まるということ。

（生徒）：よく、わかりました。

Lesson

86 ▶ 修辞疑問文

ここが
ポイント
！

　海外に行くと、生きた英語に触れることができるだけでなく、日頃、勉強していることを再確認する絶好の機会となります。今回は「修辞疑問文」を取り上げます。形は疑問文ですが、話し手は相手に何かを尋ねているのではなく、自分の主張を強調する表現です。

校長：ロサンゼルスでの短期留学の感想はどうだった？

生徒：海外に 10 日以上行くなんて生まれて初めてのことなので最初は不安でしたけど、最高の経験ができました。何もかもが目新しいものばかりで、これを exciting「ワクワクさせる」というのかなって思いました。

校長：特に印象に残ったものは？

生徒：ディズニーランド、アイスホッケー、ハリウッド、ホームステイ先での生活、バディー（仲間）との活動、カルテック（カリフォルニア工科大学）、英語のワークショップ、人と人との絆 … 欲張りですけど全部です。校長先生がおっしゃっていた「記憶」に残る短期留学になりました。

校長：それは素晴らしい体験をしたね。英語は通じたかな？

生徒：最初は聞き取れませんでしたが、だんだんわかるようになってきました。プレゼンは難しかったですけど、言葉が通じることは楽しいし、英語がますます好きになりました。ロスではいろんなところに行きましたけど、気になる英語は書き留めておいて、帰ってからホストファミリーの人に教えてもらいました。

校長：よい心がけだね。どんな表現を書き留めておいたの？

生徒：気に入っているのが Don't be afraid to work hard to find out how good you can really be. です。

校長：意味はわかる？

生徒：たまたまホストファミリーに日本語がわかるお姉さんがいて、「自分が

本当にどれくらい成長できるか見つけるために頑張り抜きなさい！」という
意味だと教えてくれました。

校長：なぜそのような意味になるかわかる？

生徒：Don't be afraid to 〜 は「〜することを怖がってはダメ」、work hard は「一
生懸命頑張る」、to find out 〜 は「〜を見つけだすために」、how good「どれ
ほどよく」と you can really be「あなたが本当になれる」をくっつけると「あ
なたが本当にどれほどよくなれる」だから全部合わせるとそうなるでしょ、
understand? って言われました。

校長：そのお姉さん、意味のかたまりごとに解釈して、うまくまとめてくれて
いるね。そのやり方は語学ができる人なら頭の中で自然にできていること
で、速読や速聴にもつながる方法だよ。

生徒：これは学校で習った単語や文法が出てきたのでわかりやすかったです。
でも町の看板に書かれていた映画か何かのたった一文のタイトル Where in
the world would you pause time? の意味はよくわからないままです。お姉さ
んは「時間を止める？　それはムリでしょ」のことだと言っていたけど、な
んでそうなるんですか？

校長：これはレベルの高い英文で、修辞疑問文（日本語でいう反語のこと）と
言われるものだね。修辞疑問文とは相手に何かを尋ねたりするのではなく、
話し手が自分の主張を強調するために用いる手法。ここでは Where in the
world を直訳すると「世界のどこで」だけど、in the world には Where を強
調する言い方もあり「一体全体」の意味もあるんだ。would you pause time
は仮定法過去で「時間を止められるだろうか、否、止められないだろう」とな
り、つなぎ合わせすると「一体全体、あなたはどこで時間を止められるとい
うのだろうか、否、止められない」という意味が生まれるんだね。

生徒：言葉って本当に奥が深いですね。

Lesson 87 ▶ 可算名詞と不可算名詞

ここがポイント！

英語には、可算名詞と不可算名詞があります。通例、前者は「数えられる」、後者が「数えられない」で判断していますが、いろいろな使い方があり、英語を外国語として学習する者にとっては悩ましいところです。

生徒：オンラインの英作文で「担任の先生が、私たちに一つの助言をしてくれました」を Our homeroom teacher gave us an advice. としたら、Our homeroom teacher gave us a piece of advice. と訂正されました。どこがいけないのでしょうか？

校長：advice は不可算名詞だから an advice とすることはできないんだ。「一つの助言」のように数量化したい場合は、a piece of をつけて、a piece of advice. とするんだよ。

生徒：不可算名詞についてもう少し詳しく教えてください。

校長：英語では数えられる名詞を可算名詞、数えられない名詞を不可算名詞と言うよ。では質問。pencil と peace の名詞の種類はわかる？

生徒：pencil は「鉛筆」で数えられるから可算名詞、peace は「平和」で数えられないから不可算名詞です。

校長：そうだね。可算名詞はさらに pencil, desk などの普通名詞と family, police などのように集合体を表す集合名詞に分類できるんだ。ただし、集合名詞、例えば people は単数扱いすると「国民」、複数扱いすると「人々」という意味。このように、単数と複数で意味が変わってくる単語もあるよ。

生徒：単語はやっぱり覚えていかなくてはならないものですね。集合名詞で印象に残っているのは、furniture「家具」という単語です。集合名詞だけど、英語では不可算名詞扱いとなるので単数形にすること、a furniture とせずに a piece of furniture「家具1点」、some pieces of furniture「家具数点」にす

ることと教わりました。そのあたりまでは頭に入っているのですが、不可算名詞になるとどうも…。

校長：不可算名詞は、chalk, sugar などの一定の形をもたない物質名詞、peace, education などの形が目に見えない抽象名詞、人名・地名などの固有名詞に分類されるよ。ふつう、不可算名詞を単数扱いとし、a [an] をつけないのが基本だよ。

生徒：そこらへんからややこしくなるんです。特に物質名詞というのがわかりにくいんです。

校長：英語では bread, chalk, coffee, sugar, paper など、加工して具体的な形をもつものを物質名詞として扱い、数量化するときは a loaf of bread, a piece of chalk, a cup of coffee, a spoonful of sugar, a sheet of paper などのように表すんだ。

生徒：あっ！　なんとなくわかってきました。an advice を a piece of advice と訂正されたのは advice が一定の形をもたない抽象名詞で不可算名詞だからですね。

校長：そう。物質名詞と同じように、advice, information, news などの抽象名詞を数量化するときは、a piece of advice, some pieces of advice というように表すんだよ。

生徒：理解できました。

校長：少し応用問題をやってみようね。He was a success as a lawyer. を訳せる？

生徒：…。

校長：訳は「彼は弁護士として成功した人です」になるよ。success は不可算名詞だけど、可算名詞になることもあり、a success で「成功した人［物］」という意味。また、Heavy rain prevented us from going out.「ひどい雨だったので、私たちは外出できませんでした」のように、不可算名詞に限定語句（ここでは heavy）がつくと、可算名詞扱いになることもある。しっかり辞書を引いて、用例に慣れておくことが大切だね。辞書を引く際、可算名詞なら Ｃ (countable noun)、不可算名詞なら Ｕ (uncountable noun) とあるので、しっかり確認するようにしようね。

Lesson

88 ▶ one と it

ここが
ポイント
！

one も it も日本語では「それ」と訳せるので、ライティングやリーディングでミスを引き起こしがちです。実際の会話では相手は内容をほぼ理解してくれます。しかし、なるべく正確な英語を使いこなせるよう、少し意識しておきたいものです。

（生徒）：この前、英会話の授業でショートスピーチをする機会があってとても緊張しました。

（校長）：ご苦労様。それでテーマは何だったの？

（生徒）：日米の食生活の違いでしたが、なかなかうまく言えず、原稿を見ながらという感じでした。

（校長）：皆の前で自分の意見を英語で言うのはなかなかたいへんなことだけど、そういった取り組みは必ず生きてくるからね。

（生徒）：ありがとうございます。私の発表を聞いて、友達が「日本で作られた米とアメリカのものとの違いは何だと思いますか」のつもりで、What do you think is the difference between rice grown in Japan and American one? と質問したんですが、ネイティブの先生は one を rice にさりげなく訂正しました。その時は、内容に集中していたので、文法のことには気が回らなかったのですが、授業が終わってから思い出して気になったのです。

（校長）：文法や語法を気にしなくていいとは言わないけど、大切なのは相互理解。その意味で、相手の聞きたいことに対して真っ先に対応しようとする姿勢は高く評価するよ。ところでなぜ American one はいけないのかな？

（生徒）：one は前に出てきた単数名詞を指すからいいと思うんですけど…。

（校長）：one は前に出た単数名詞を指し、その名詞と「同一種類」で「不特定」であるのが原則で、a [an] ＋ 単数名詞に置き換えられるのがポイントだね。

（生徒）：rice は物質名詞だから a はつけられませんでした…。

校長：気体や液体、原材料などの物質名詞は不可算名詞の一つで、決まった形をもたないから英語の世界では数えられないものとみなされるんだね。だから one で受けることができないんだ。それで名詞を繰り返して American rice と書くんだね。

生徒：なるほど。やっと理解できました。

校長：習熟を深めるために少し練習をやってみようか。「私は白ワインより赤ワインの方が好きです」を英語にしてくれる？

生徒：I like red wine better than white wine. です。

校長：正解。wine は物質名詞だから one で受けられないんだね。日常会話では後の wine を省略して、I like red wine better than white. と言うのがふつうかな。では「私は白い花より赤い花の方が好きです」はどう？

生徒：「花」は可算名詞で、ここでは複数形がいいから、I like red flowers better than white ones. です。

校長：よくわかっているね。では、「君に重要なメッセージを残したけど、読んでくれていないね」を英語にしてごらん。

生徒：I left you an important message, but you didn't read it.

校長：そうだね。it は one とは違い、前に出た単数名詞と「同一物」で「特定」であるのが原則で、〈the ＋ 単数名詞〉に書き換えることができるよ。

生徒：ここでは the important message のことですね。

校長：もう一つ言うと、it の前後に修飾語句を置くことはできないけど、The present school rules are not strict compared to the former ones. 「現在の校則は、以前のものと比べると厳しくないです」や This dictionary is quite different from the one you have. 「この辞書はあなたが持っているものとかなり違います」のように、the one(s) は前後に修飾語句を置くことができることもおさえておこうね。

生徒：「私の意見はあなたの意見と同じではありません」のような場合は、所有格に one(s) を続けることはできないので、My opinion is not the same as yours. とするんですよね。

校長：もう大丈夫のようだね。ところで日米の食生活の違いをテーマにしたショートスピーチ、是非、聞かせてほしいな。

生徒：はい。では…。

Lesson

89 ▶such ～ that … 構文

> いわゆる〈so［such］～ that …〉は「とても～なので…」(結果)、「…なほど～」(程度) を表す構文と言われています。ここでは〈such ～ that …〉を中心に見ていきます。

(生徒)：今日も英語の質問です。息子の将来が不安になり、一晩中、眠れなかった母親の心理状態を描いたイラストを英語で表現する問題で、ネイティブの先生は、Such was her anxiety that she couldn't sleep all night. とされました。

(校長)：イラストを見て登場人物の心情を英語で書く問題は、表現力と想像力を見る良問だね。such ～ や so ～ は that … とセットで、「結果」や「程度」などを表す構文になるよ。〈so ～ that …〉の方が馴染みがあるんじゃないの？〈so ～ that …〉の ～ には、形容詞、副詞がくることが圧倒的に多いね。

(生徒)：Such was her anxiety that ～ は She was so anxious that ～ のことですか？

(校長)：あえて書き換えればね。〈such ～ that …〉はフォーマルな言い方として使われることが多いけど、ネイティブの先生はライティングの授業ということもあって、そのあたりを意識してくれたんだろうね。such は「それほどのもの」、so は「それほど」の意味で that と結びついて情報を「予告」し、that … で具体的な説明を加えるという英語独自の働きをするものなんだ。

(生徒)：だから〈so ～ that …〉構文と言うんですね。

(校長)：そう。ここでは Her anxiety (S) was (V) such (C) の SVC が CVS に倒置されたものになっているけど、such「それほどのもの」が母親の心配の「程度」を「予告」するものの、「それほどのものとはどれほどのものか → 一晩中、眠れなかった」と具体的に説明する部分が that … になっているというわけ。言うなれば〈原因 ＋ 結果 ＝ 因果関係〉を理解することがポイントだけど、大切なのはその読み方。〈such ～ that …〉を見れば、「～について

<u>such とは that ... → どれほどのもの」かというネイティブの情報の出し方を
意識した読み方が必要</u>だね。なお、〈Such is ＋ S（名詞）that ...〉や、
これと入れ替えられる〈S（名詞）＋ is such that ...〉は〈S（名詞）＋ is so
great that ...〉の意味になることが多いのを覚えておこうね。

⬤生徒：これまで〈such 〜 that ...〉や〈so 〜 that ...〉を機械的に覚えていたの
で応用が利きにくかったですけど、ネイティブの情報の出し方という点で教
えてもらうと新たな発見ができ、使いやすくなりそうです。

⬤校長：それはよかった。では練習してみよう。「今回は絶好のチャンスだから
逃さないようにね」を英語にしてくれる？

⬤生徒：This is such a good chance that you must not miss. くらいですか？

⬤校長：that は接続詞だから「完全な文」が続くよ（実際の会話では that を省略
することもあります）。ここでは miss の目的語となる this を it にして 〜
that you must not miss it. だね。

⬤生徒：そうでした。また、〈too 〜 to ...〉構文を使って This is too good a chance
to miss. としてもほぼ意味は同じだと思います。

⬤校長：ご指摘の通りだね。such a good chance は so good a chance とすること
もできるよ。内容をどんどん発展させていけるけど、今日はこのあたりにし
ておこうか。

⬤生徒：はい。校長先生、オンラインでも英語教室をやってもらえませんか？

⬤校長：考えておくよ。

Lesson 90 ▶ 名詞構文

　　英語の名詞構文は、直訳すると不自然な日本語になり、文意をうまく伝えられないことがあります。言語が違うと当然、表現方法も様々なのです。

🧑‍🎓生徒：名詞構文という単元で He swims fast. を He is a fast swimmer. とするのがネイティブの感覚と学習しました。あまり詳しい説明がなかったのですが、何か特別なルールでもあるのですか？

👨‍🏫校長：似たような例で言えば My mother is a great traveler.「私の母は旅行が大好きです」などがそうだね。

🧑‍🎓生徒：「旅行が大好き」と言いたい時、travel という動詞を traveler「旅行者」に変え、great「偉大な」をくっつけて a great traveler にするなんて私にはとうてい真似できません。でも、ネイティブはそういう言い方もするんだって自分に言い聞かせています。

👨‍🏫校長：そうだね。ネイティブならではの表現に慣れる努力をすることも、外国語として英語を学ぶ我々の責務と言えるんじゃないかな。

🧑‍🎓生徒：そう思います。今日はこのテキストにある Cabral's discovery of Brazil is said to have been accidental. を「きれいな日本語」にするコツがあったら教えてほしいんです。

👨‍🏫校長：名詞構文のように、直訳では自然な日本語になりにくい場合、まずは動詞に変えられる名詞や形容詞を探し、それに対応する意味上の主語や目的語を考えてみるのがコツかな。Cabral's discovery of Brazil の中に動詞にできる単語はない？

🧑‍🎓生徒：あります。discovery「発見」という名詞は、discover「～を発見する」という動詞にできます。

校長：そうだね。では「誰が何を発見する」の？

生徒：「カブラルがブラジルを発見する」です。

校長：それを主語にして訳してみてくれる？

生徒：「カブラルがブラジルを発見したのは偶然だったと言われています」です。

校長：「きれいな日本語」になったね。名詞構文ではこのように動詞や形容詞を名詞化した場合、意味上の主語を所有格（ここではCabral's）で、意味上の目的語を〈前置詞 + 名詞（ここではof Brazil）〉で表すことが多いんだ。ただし、名詞構文はかなり格調の高い言い方だから、あまり神経質にならず、最初のうちは読んで意味がわかれば十分だと思うよ。

生徒：ありがとうございます。気が楽になりました。もう少しお願いします。

校長：頑張るね。The student's reluctance to study math was obvious. はどうかな？

生徒：reluctance とくれば形容詞 reluctant を使った be reluctant to ～「いやいや～している」が思いつきました。

校長：ということは？

生徒：The student's reluctance to study math は The student was reluctant to study math のことだから「その生徒が数学を勉強したがらないのは明らかでした」と訳せると思います。

校長：その調子だよ。

生徒：ありがとうございます。自信がもてました。

Lesson

91 ▶形式主語 it

ここが
ポイント
！

英語の it には様々な使い方があります。今回は形式主語 it について、その本質にアプローチします。

(生徒)：問題集で「it の構文」を勉強していたら、It is good for our health that we take moderate exercise.「適度な運動をすることは健康によいです」という例文がありました。it が形式主語（仮主語）というのはわかるのですが、なぜ it を使わなければならないのかという説明がないのです。手持ちの参考書には、文の主語が不定詞や that 節などで長くなる場合、それらを文末に回し、その代わりに it を置くとしか書いてありません。自分としては、例文の場合で言うと that we take moderate exercise が元の主語であり、それを後ろに回して形式主語 it を用いるということを「覚える」だけでは本当にわかったことにはならないと思うんです。納得のいく解説が聞きたくて来ました。

(校長)：本質をつきつめようとする姿勢は、学問をする上での基本姿勢。立派だと思うよ。本題に入ろうか。まず、英語は主語をなるべく短くして発信する特性があるから、that 節を主語にすると主語が長すぎるということ。さらに、英語には「文末焦点の原則」といって、情報価値が高いものを後ろに回す特性があることが、形式主語を用いる一番の理由。情報構造という点から言えば、it は抽象概念を指し、It is ～ は「そういうことは～」の意味で「判断」を表し、主題となる「情報展開」つまり、「どういうことか」という部分が that 節に述べられているという説明になるかな。ここでの it は「情報予告」の働きをするだけなので、「それは～」と訳すと誤りになるよ。

(生徒)：なるほど。長い語句というのは that 節や不定詞以外にどんなものがあるんですか？

校長：動名詞、wh- 節、whether 節などもそうだね。it は後に続く語句を指すから「後方照応の it」と言われているよ。ちなみに、形式主語の場合、〈It is ～ that〉にはさまれるのは形容詞、分詞、名詞のいずれかだね。

生徒：例文を調べてみました。It is important for us to learn foreign languages.「私たちが外国語を学ぶことは大切です」が不定詞の場合、It is no use crying over spilt milk.「こぼれたミルクのことを嘆いても無駄です → 覆水盆に返らず」が動名詞の場合、It is not known who was elected chairperson.「誰が議長に選ばれたのかはっきりしていません」が wh- 節の場合、It is doubtful whether he will succeed in business.「彼が仕事で成功するかどうかはあやしいものです」が whether 節の場合です。校長先生の解説ですべて解決しました。

校長：よかったね。他に質問は？

生徒：最初の例文 It is good for our health that we take moderate exercise. に戻りますが、主語が that 節の場合は、必ず後ろに回して形式主語の It を使うのですか？

校長：よい質問だね。that 節の内容が聞き手と話し手の両者の間で周知（旧情報）である場合は、that 節が主語の位置に残ることもあるよ。

生徒：語学の勉強って面白いですね。

校長：形式主語の考え方は形式目的語 it にもあてはまるものだよ。では、ここでチャレンジ問題。I thought it difficult to read this book from beginning to end. の意味はわかる？

生徒：「私はこの本が最初から最後まで読みにくいと思いました」です。

校長：そう。文構造は説明できるかな？

生徒：I が S、thought が V、it が形式目的語で O、to read this book from beginning to end を指し、difficult が C になっています。

校長：OK。よくわかっているじゃないか。頻出の make it a rule to ～「～することにしている」や take it for granted that ～「～を当然のことだと思う」なども同じ考え方で処理すればいいよ。形式目的語をとる動詞には believe, consider, find, make, suppose, take, think などがあるよ。

生徒：納得のいく説明をしていただきありがとうございます。スッキリしました。

Lesson 92 ▸ 強調構文 It is ～ that ...

ここが
ポイント
！

> 強調構文（分裂文）とは、〈It is ～ that ...〉の～部分に名詞
> （句・節）、もしくは副詞（句・節）がはさまれている文です。
> 強調構文であると見分けるポイントは、It is と that を取り除く
> と「完全な文」が生まれることです。形式主語の場合は、It is
> と that を取り除いても「完全な文」にはなりません。

⊛生徒：最近、大学の先生の英語によるショートスピーチを聴いて、全体の内容
をおさえた後、ネイティブの先生がその中のいくつかの英文をリピートし
て、ディクテーションする練習をやっているんです。

⊛校長：素晴らしい取り組みだね。講演の内容はすべて理解できるの？

⊛生徒：半分くらいは…。そこで、今日、教えていただきたいのは、The first
step is to think carefully about what it is that you want to do to contribute to
society in some form in the future.「第一段階は、将来、なんらかの形で社会
に貢献するためには一体、何をしたいのかを入念に考えることです」という
表現です。意味はなんとかわかるのですが、what it is that というところが
よくわかりません。

⊛校長：ところで君は将来、社会に貢献するために何をしたいの？

⊛生徒：大学で地球環境学を学び、世界の環境保全に貢献したいと思っています。

⊛校長：是非、実現させてほしいな。「地球環境学を専攻したい」を英語で言っ
てみてくれる？

⊛生徒：I want to major in Global Environmental Studies.

⊛校長：そうだね。では、「地球環境学」を強調する言い方にするにはどうすれ
ばいいと思う？

⊛生徒：強調構文を使って、It is Global Environmental Studies that I want to
major in. とすればいいと思います。

⊛校長：強調構文には「他のモノ（ヒト）ではなく、まさに～」のニュアンスが

あることもおさえておいてほしいな。今度は「地球環境学」を問う疑問文にしてくれる？

（生徒）：What is it that you want to major in? です。

（校長）：次は先程の例文を使って「第一段階は、一体、何を専攻したいのかを考えることです」としてくれる？

（生徒）：The first step is to think about what it is that you want to major in. です。
あっ！　わかった。強調構文だったんだ。

（校長）：理解できたようだね。リーディングでは、<u>wh- 疑問文に続く is it that や wh- 節に続く it is that を消してみるとわかりやすくなる</u>よ。例えば、Whose car was it that was stolen?「一体、誰の車が盗まれたのですか」や I don't know who it was that broke this window yesterday.「私には昨日この窓を割ったのが一体、誰なのかわかりません」といった例文の was it that や it was that を消して考えてごらん。

（生徒）：Whose car ~~was it that~~ was stolen? う〜ん、なるほど。I don't know who ~~it was that~~ broke this window yesterday. 納得です。確かに文構造がすぐにわかります。ディクテーションの続きですけど、ショートスピーチをした大学の先生は、It isn't how high you go in life that really counts, but how you get there. ともおっしゃっいました。でも文構造が…？

（校長）：〈not A but B〉「A でなくて B」が離れているけど、It isn't how high you go in life, but how you get there that really counts. と考えればわかるかな？

（生徒）：わかりました。「本当に重要なのは、人生においてどれほど出世するかではなく、どのようにしてそうなるかです」だと思います。

（校長）：よい訳だね。It is not A but B that really counts. という強調構文の but B が後ろに回されたものと理解できればいいね。もう少し頑張ろうか。「悪いのは私です」という場合、強調構文を使うと、It is I who am wrong.（もしくは ~ who am to blame）だけど、実際の会話文は It's me that's wrong.（もしくは ~ who's to blame）と言うことが多いよ。また、電話口の会話で「君が電話してきてくれて嬉しいよ」という場合、I'm glad it's you（who is）calling. のように省略して発話するのがふつうだね。

Lesson

93 ▶ It + V + that 〜

〈It seems that SV 〜〉とくれば、It は訳さず、意味は「〜の
ように見える」、書き換えとしては〈S + seem to 〜〉への転換
などを中心に勉強するのが通例です。今回はこの構文を理解す
る上で、どのような頭の働かせ方をすればいいか考えてみます。

生徒：外国の TV リポーターが、オリンピックで金メダルを獲得したある競泳
選手について、genius「天才」と言われていると紹介しました。その後、い
ろいろインタビューをしていくうちに、練習につぐ練習の結果、栄冠を勝ち
取ったという事実が明らかになりました。Well, it turns out that the secret of
success is persistent effort.「でも実は、成功の秘訣はたゆまぬ努力の結果な
のです」とまとめていました。以前、〈It turns out that SV 〜〉で「〜だとわ
かる」と習ったのですが、この it が何をさし、どのような文構造になってい
るかまだ落とし込めていないのです。スーッとわかるような、納得のいく説
明をお願いします。

校長：〈It turns out that 〜〉の turn out にはいくつかの意味があるけど、ここ
では「結局〜だ、〜だとわかる、〜だと判明する」のこと。この言い方は、
皆がきっとそうだろうと考えていることに反するような事実を述べる時、あ
るいはニュースや新聞等で研究成果やアンケート結果について触れる時によ
く耳にする表現だね。会話では that を省略したり、〈Turns out SV 〜〉のよ
うな言い方もしたりするよ。

生徒：第三者的視点からの客観的な表現と言えますね。

校長：そうだね。次に文構造だけど、〈It + V + that〜〉の場合、It には情報
量がなく、抽象的に「そういうこと」という「予告」の働きをするだけで、
that 〜 ではじめて「どういうこと」かを具体説明するという展開になって
いるんだ。代表的な V としては turn out の他、seem, appear, happen, chance,

occur 等々、また、〈It appears that SV 〜〉などは、〈S, it appears, V 〜〉の
ような形で用いられているよ。

生徒：そうなんですね。この it は「漠然とした状況」を表し、形式的なもの
だから訳してはいけないと習いましたが…。

校長：英文を理解する際の頭の働かせ方と和訳の仕方の両方をおさえないと
ね。英文を理解する際、〈It + V + that 〜〉を見れば、It は「予告」の働き
しかないから It 自体に情報はないけど、後に出てくる that 〜 で具体説明さ
れるから、それを期待して読み進める姿勢が大切。また、和訳で言えば、英
語のこの構造に対応するものが日本語にないから「それ」とは訳せないとい
う説明になるかな。

生徒：〈It + V + that 〜〉で言えば、It may safely be said that art reflects a
way of living. という文を書き留めてあります。意味は、「芸術が生活様式を
反映すると言っても過言ではないかもしれません」でいいのですか。

校長：そうだね。It と that に may be 〜 がはさまれば「〜かもしれない」、
must be 〜 がはさまれば「〜に違いない」になるけど、It が「予告」、that
〜 が「具体的な説明」という原理は同じだよ。

Lesson
94 ▶ some と any

ここが
ポイント
！

> 　中学校では、some は疑問文や否定文では any になると習います。しかし、高校に入り、英語の勉強が進めば進むほど、もっと広い視点で用例にあたることが求められます。

（生徒）：こんにちは。基礎的なことなのですが、some と any について教えてほしいんです。一応、参考書も調べましたが、校長先生に直接、質問したくて来ました。

（校長）：光栄だね。ありがとう。some と any についてどこまで知っているの？

（生徒）：中学の時、<u>some は否定文では any になる</u>と習いました。ただし、<u>疑問文でも丁寧な申し出であり、肯定的な答えを期待している場合は some を使う</u>と記憶しています。

（校長）：その通りだよ。では、ディナーの時、ゲストに対して、きっとコーヒーを飲んでくれるだろうと期待を込めて「もう少しコーヒーはいかがですか」と英語で聞いてくれる？

（生徒）：Would you like some more coffee? ですか？

（校長）：そうだね。でも、もし No, I don't want any, thank you. 「いいえ、けっこうです。ありがとう」と断られそうだと思うのなら Would you like any more coffee? も可能だよ。

（生徒）：話す人の感じ方次第ってことですか？

（校長）：そう。ただし、Could I have some more coffee?「もう少しコーヒーをいただけますか」のように、自分から頼むときは any を使わないのがふつうだけどね。

（生徒）：いろいろな使い方があって面白いですね。でも頭の中がグチャグチャです。

校長：できるだけたくさんの例文にあたり、少しずつ慣れていくことが肝心だね。先輩たちは皆、そうやって勉強してきたんだよ。

生徒：はい。私も頑張ります。もう少しいろいろな例をお願いします。

校長：では、I haven't seen you for some time. はどうかな？　辞書を使ってもいいよ。

生徒：for some time は for a long time に近いみたい…だから「私はしばらくの間、あなたに会っていない」、つまり「久しぶりです」くらいですか？

校長：そう。ここでの some は「かなりの、相当な」の意味になるんだね。次は、He is absent from school for some reason or other. はどう？

生徒：（辞書を調べて）for some reason or other が「なんらかの理由で」だから「彼はなんらかの理由で学校を欠席している」です。

校長：この言い方は状況がよくわかっていない場合、あるいは、軽蔑、苛立ち、無関心を装う場合等に用いられるね。ここでは some が「なんらかの」の意味になっているよ。

生徒：（辞書を引きながら）〈some ＋ 名詞〉を文の先頭において「とんでもない、ひどい」という皮肉を込めた意味もあるようです。

校長：では、助けてほしいと思っている時にそばにいてくれなかった友達に対して、皮肉を込めて「君って、ひどい友人だよ！」と英語で言ってごらん。

生徒：それが Some friend you are! なんですね。調べれば調べるほど、のめり込んでしまいます。

校長：辞書を「読む」ことの意味がわかってきたようだね。some はこれくらいにしておいて、次は any。肯定文での any にはどんな意味があるかな？

生徒：any が肯定文で使えるって初めて知りました。肯定文に出てくる any の意味としては「どんな～でも」であり、その他にもいろいろあるようです。

校長：基本的には〈any ＋ 単数名詞〉で「どんな～でも」の意味。「面白ければどんな本でもいいよ」を英語にしてごらん。

生徒：Any book will do, so long as it is interesting. です。話は変わりますが、中学生の時、〈not ～ any ...〉は no と同じ意味だと聞きましたが…。

校長：ほぼ同じ意味で用いられているけど、no は強意的で、書き言葉で好まれるようだね。例えば、「もう私にはお金はまったく残っていない」を英語にした時、I have no money left. より、I don't have any money left. の方がく

だけた言い方になるよ。では今日の締めくくりとして Please ask me anything if you are in any difficulty. の意味をどうぞ。

生徒：「ちょっとでも困ることがあればなんでも聞いてください」です。お忙しいところ、ありがとうございました。

校長：いえいえ。イメージとして、some は一定の数量があることを前提とし、肯定的内容を好むのに対し、any は無制限の漠然とした数量を表し、否定文や疑問文、条件文等に好まれることをおさえておいてほしいね。

Memo

Lesson 95 ▶ all 再考

ここがポイント！

　　all という語は多様性に富んでおり、代名詞、形容詞、副詞として使われます。例えば、代名詞の場合なら三人（個）以上の「ヒト」「モノ」を対象とし、「数」と「量」のどちらも表すことができます。「ヒト」を表す「全員」の場合は複数扱い、「モノ」を表す「すべてのモノ」の場合は単数扱いといった具合です。

生徒：「すべてうまくいくといいね」の意味で、I hope all are well with you. と言ったら、I hope all is well 〜 に訂正されました。どこがいけないのですか？

校長：君が言う「すべて」とは「ヒト」のこと、それとも「物事」のこと？

生徒：「物事」のつもりで言いました。

校長：<u>all が代名詞として使われ「ヒト」を表すときは複数扱いだけど、「物事」を表すときは単数扱いになるよ。</u>

生徒：あっ、そうか！　それで I hope all is well 〜 になるんですね。

校長：理解できたようだね。では「あなたがた皆、元気で何よりです」を英語にすると？

生徒：I'm glad you all are doing well. です。

校長：you all が同格関係だね。all の位置だけど、be 動詞の後、一般動詞の前が標準的だから I'm glad you are all doing well. でもいいね。

生徒：はい。もう少しお願いします。

校長：では、all of the country と all of the countries の違いはわかる？

生徒：all of the country は「その国全体、その国じゅう」、all of the countries は「複数の国全部」という感じだと思います。

校長：よくわかっているね。all of the country はコミュニケーションをしている者同士が了解済みの「ある特定の一つの国の全領域」、つまり「その国全体」で、all of the countries は両者了解済みの「話題にしているすべての国」

のことだね。

（生徒）：理解が深まりました。

（校長）：<u>all は「すべて」という意味だけでなく、多くあることを強調するために使われる</u>こともあるよ。そう、例えば、How did you feel about this plan?「この計画についてどのように思いましたか」に対する We were all for it. の意味はわかる？

（生徒）：We were for it. が「私たちは賛成でした」だから all がつくと completely の意味が加わり「大賛成でした」になると思います。

（校長）：パーフェクト。<u>副詞の all は後に続く語句に関して「多くある、いろいろある」ことを強調して、「まったく」「すっかり」「とっても」「ずっと」「たった〜だけ」「ますます」などと訳される</u>こともあるよ。dance all through the night「一晩中ずっと踊る」や live all alone in a large house「大きな家にたった一人だけで住む」などがその例だね。

（生徒）：先日、比較級を勉強していたら I felt all the better for the medicine the doctors had recommended.「医者の薦めてくれた薬のおかげで、ますます気分がよくなった」という文が出てきました。<u>〈〜 all the ＋ 比較級 ＋ for ...〉は「…だからなお一層〜」</u>と習ったのですが、all の使い方が？？？だったんです。今、<u>この all が副詞で「ますます」とか「よりいっそう」の意味</u>だとわかりました。

（校長）：もう少しやってみようか。続いて、Our refrigerator breaks down all too often but especially lately. はどうかな？

（生徒）：「私たちの冷蔵庫は、あまりにも頻繁に、しかも特に最近、故障します」です。

（校長）：よくわかっているね。ちなみに、all too 〜 は好ましくないことを表す文脈で、very の意味で使われる表現だよ。

（生徒）：Thank you for all your easy explanation.

Lesson

96 ▶二重所有格

ここが
ポイント
！

　　英語の所有格は、定冠詞や指示代名詞（this, that, these,
those など）、不定代名詞（some, any など）といった限定詞と
並べて使うことができないので、〈限定詞 + 名詞 + of + 所有
代名詞〉という形にします。これが、今回のテーマの二重所有
格です。

生徒：英語で「トムの何人かの友達」という場合、Tom's some friends や some
Tom's friends ではなく、some friends of Tom's になると学習したのですが、
まだ自分としてはうまく落とし込めていません。解説をお願いします。

校長：英語では「〜の〜の名詞」などのように所有格が二つ続くものを「二重
所有格」と言い、〈限定詞 + 名詞 + of + 所有代名詞〉の形で表現するよ。
限定詞というのは a [an] や the などの冠詞、this, that, these, those などの
指示代名詞、some, any などの不定代名詞、few, little などの数量詞をまとめ
た言い方のこと。所有代名詞はわかる？

生徒：はい。「〜のもの」の意味をもつグループで、I - my - me - mine の mine
のこと。mine 以外に yours, his, hers, ours, theirs などがそうです。

校長：その通り。それでは「彼女のあのチャーミングな笑い」って英語で言え
る？

生徒：that charming laughter of hers です。

校長：そうだね。では「私の一人の友人」は？

生徒：a friend of mine です。

校長：二重所有格を使うとそうなるね。それ以外の言い方はどうかな？

生徒：my friend と one of my friends が考えられます。

校長：違いを言うと、前者は「特定の友人」、後者は「不特定の友人のうちの
誰か一人」だね。二重所有格を使うと後者とほぼ同じ意味になるけど、実践
的コミュニケーションという点ではニュアンスが異なることもあるよ。

生徒：どういうことですか？

校長：a friend of mine の場合、聞き手は a friend からこれから一人の人間が話題になることをイメージし、of mine が認識できた段階で「誰の → 私の」という関係性を理解するんだね。一方、one of my friends の場合、聞き手は「複数の友人からなるグループがあり、その中から一人を選び出してくる」ことを前提として「私の何人かいる友人の一人のことなんだけど」のように、話の導入として使われる点が多いということかな。

生徒：表現が変わるとニュアンスも変わるんですね。

校長：それが語学の面白さかな。勉強を深めれば深めるほど難しく感じる表現もたくさん出てくるけど、なるべく多くの例文を通して習熟していくことが早道だと思うよ。

Lesson 97 ▶ 前置詞の使い方

> ここが
> ポイント
> ！
>
> 前置詞 on といえば、「〜の上」一辺倒になっていませんか。
> 言語の使用場面に応じた前置詞マスターのコツは、原義（元の
> 意味）をおさえることです。

生徒：今日、英会話の授業でネイティブの先生が「あの壁の絵を見なさい」を英語でなんて言うのって聞いたから Look at that picture in the wall. って答えたら変な顔をしたんです。どうしてですか？　中 1 の弟に学校の廊下で会ったので同じことを聞いたら、「お姉ちゃん、そんなことも知らないの？」なんて言うんです。校長先生は英語の先生だったんですよね？

校長：「だったんですよね」は余計だけど、ネイティブの先生に理由を聞いたの？

生徒：ちょうどチャイムが鳴ってしまって聞けなかったんです。わからないまま家に帰るのはイヤだし、積み残しはその日のうちに解決しなさいって校長先生がいつもおっしゃっているじゃないですか？　ネイティブの先生には前置詞に注意とだけ言われました。前置詞って in とか on とか at とかだと思うんですけど…。

校長：…。結論から言うと in the wall じゃなくて on the wall だよ。

生徒：なぜですか？「壁の絵」なんだし、in でいいんじゃないですか？

校長：ちょっと待ってよ。「壁の絵」は「壁にかかっている絵」のことだね。

生徒：はい。

校長：英語では「壁にかかっている絵」のように「接触」を表す場合は on を使うんだよ。

生徒：へー、そうなんですか。on は「〜の上」とばかり思っていたけど、そうじゃないんだ。

校長：「テーブルにリンゴが3つある」だって、「テーブルの上にリンゴが3つある」ってことだけど、テーブルに3つのリンゴが「接触」している状態だから、There are three apples on the table. になるんだよ。

生徒：ありがとうございました。<u>前置詞って「元の意味」がわかればとてもわかりやすくなる</u>んですね。

校長：そういうこと。日本語と英語の表現上の「違い」をわかってほしいな。似たような例として、There is a fly on the ceiling. を日本語にしてごらん。

生徒：（電子辞書を取り出し）「天井にハエがとまっている」ですか。

校長：on の使い方がわかった？

生徒：天井にハエが「接触」しているから on the ceiling なんですね。校長先生、ありがとうございます！　バッチリです。

校長：It's my pleasure.

Lesson

98 ▶ 付帯状況 with ～ の 構造

ここが
ポイント
！

　　前置詞 with の後に〈主部＋述部〉の関係が成立するものを
「付帯状況」の構文と言います。前から訳していくとうまくい
くけれど、構造をきちんと理解しましょう。

㋫：この前の授業で、テキストの内容について英問英答した後、ネイティブ
の先生が Listen to me with your textbook closed and write down what I say.「テ
キストを閉じたまま、私の言うことを聞いて、書き留めなさい」と言いまし
た。

㋛：ディクテーションだね。それで先生はどのように発話されたの？

㋫：完璧には聞き取れず、全部は書き留められませんでした。その後、黒板
に Deep snowfall brought chaos to the region on Friday, with thousands of
drivers and passengers trapped in their vehicles on highways. と書かれまし
た。Do you understand? と聞かれ、Yes. と答えたら Now say it in Japanese.
と言われたので、「深い降雪は、金曜日、その地域に混乱をもたらし、何千
人もの運転手や乗客が幹線道路で乗り物に閉じ込められました」と答えまし
た。

㋛：そう。よくわかっているじゃないか。

㋫：先生も Very good. と言ってくれたので嬉しかったのですが、with の後
の構造がイマイチなんです。とっさのことだったので、前から訳してなんと
か切り抜けたというのが本音です。

㋛：前から訳して意味がとれるというのは素晴らしいことだよ。それが直読
直解の第一歩だからね。with 以下の構造が「イマイチ」ということだけど、
結論から言うと前置詞 with の後に〈主部（S）＋述部（P）〉の関係があれば
「S が P の状態で」という意味を表すことになり、これを「付帯状況」と呼

んでいるよ。

🧑‍🎓：それならネイティブの先生がディクテーションの前に言った Listen to me with your textbook closed 〜も付帯状況ではありませんか？

🏫：その通り。<u>with の後に続く〈S + P〉のことだけど、S は主部、つまり「何が、誰が」にあたる名詞（代名詞、名詞句、名詞節など）がくるよ。P は述語、つまり「どんな、どうした」にあたる現在分詞、過去分詞、形容詞、副詞、前置詞句、不定詞など、様々な語句がくるよ。</u>with your textbook closed なら「あなたのテキストが閉じられた状態で」が直訳、「テキストを閉じたまま」と意訳できるね。with の後に your textbook is closed という受動態の文が組み込まれたと考えればわかりやすいよ。このような考え方で板書された英文の with 以下を説明できる？

🧑‍🎓：はい。直訳は「何千人もの運転手や乗客が幹線道路で乗り物に閉じ込められた状態で」です。

🏫：英字新聞をはじめとするメディア英語では、主文が原因、with 以下が結果の因果関係を表すことが多いから、君が授業中に試みたように、前から訳していくとうまくいくんだね。

🧑‍🎓：英字新聞などではよく使われる表現なんですね！　よくわかりました。

Lesson

99 ▶ of は「～の」とは 限りません

ここがポイント！

　前置詞 of は、I cleared the road of snow.「私は、道路から雪を取り除きました」のように、元々の意味が「分離」を表しています。この意味は、歴史的には off に受け継がれました。そのため、意味や用法は多岐にわたります。今回は「主格」「目的格」「同格」の of に焦点を絞って解説します。

生徒：この前、社会科の先生とネイティブの先生のコラボによる特別授業がありました。英語を使って、世界史を学ぶというもので、すごく得した気分になりました。

校長：まさにイマージョン授業だね。それでどんなことを学んだの？

生徒：北アメリカと南アメリカを比較しました。主に、アメリカとブラジルなんですが、ネイティブの先生は、The discovery of America by Amerigo Vespucci と The discovery of Brazil by Pedro Álvares Cabral という二つのテーマを黒板に書かれました。

校長：意味はわかったかな？

生徒：イタリア人の「アメリゴ・ヴェスプッチによるアメリカの発見」とポルトガル人の「ペドロ・アルヴァレス・カブラルによるブラジルの発見」です。

校長：そうだね。

生徒：その後、ネイティブの先生は、It is unknown whether Cabral's discovery of Brazil was by chance or intentional. と言われ、社会の先生が「カブラルがブラジルを発見したことは偶然であったのか、意図的であったのかどうかはまだわからないようだね」と補足されました。

校長：面白そうな内容だね。

生徒：はい。それで、今日、お伺いしたのは、社会の先生が The discovery of Brazil by Pedro Álvares Cabral を「ペドロ・アルヴァレス・カブラルがブラジルを発見したこと」や、Cabral's discovery of Brazil を「カブラルがブラ

ジルを発見したこと」と訳されたことについてなんです。

校長：言語感覚に鋭くなることは、語学の勉強で最も重要なことだよ。直接聞いてみた？

生徒：はい。社会の先生は日本語としてこちらの方が言いやすかったからと対応され、ネイティブの先生は日本語のことは…と返答されました。それで校長先生に質問に来たのです。

校長：A of B とした場合、ふつうは「B の A」とするけど、A を他動詞に置き換えられる場合、A と B が「V ＋ O の関係」になるから「B を A すること」（目的格）と訳すとうまくいくことが多いよ。The discovery of Brazil by Pedro Álvares Cabral や Cabral's discovery of Brazil なら A にあたる名詞 discovery が他動詞 discover に置き換えられるから、意味上の主語となる Cabral をつけて「カブラルがブラジルを発見すること」と訳すことができるんだね。

生徒：なるほど。

校長：では応用といこうか。The news of the sudden retirement of a famous singer surprised the whole nation. を訳せる？

生徒：The news「ニュース」の具体説明が後ろに続くから The news of ～ は同格で「～というニュース」、the sudden retirement of a famous singer は「ある有名歌手が突然引退した」という「S ＋ V の関係」になっているから「ある有名歌手が突然引退したというニュースは全国民に衝撃を与えました」くらいの意味になると思います。

校長：冴えているね。A of B の A が自動詞に置き換えられる場合、「B が A すること」（主格）と訳せるよ。また、A と B が意味上、A ＝ B 関係にあり、B が A の具体説明になっている場合、「B という A」（同格）とするとわかりやすい日本語になるよ。

Lesson 100 ▶ 複数の語句がセットで前置詞に！

ここがポイント！

because of「～のために」、in front of「～の前に」のように、複数の語句がセットになり、一つの前置詞の働きをするものを「群前置詞」と言います。また、from behind「～の後ろから」、till after「～の後まで」のように、前置詞が二つ続くものを「二重前置詞」と言います。用語はさておき、ここでは複数の語句がセットになり、前置詞の機能をしている例を扱います。

⊛ 生徒：ネイティブの大学教員が講師を務める、オンラインによる英語の探究講座に参加したのですが、提出したレポートが返ってきました。

⊛ 校長：自主的に参加したの？

⊛ 生徒：はい。学校で紹介された案内を見て、面白そうなので参加しました。

⊛ 校長：よい心がけだね。

⊛ 生徒：返却されたレポートには、Your report is very interesting, except for a few grammatical mistakes.「少しの文法的な間違いを除けば、君のレポートはとても面白い」と書かれていたのでとても嬉しかったです。でも except for という表現が ... except だけではいけないのですか？

⊛ 校長：まずは except と except for の違いから。A except B は、except B が形容詞句として（代）名詞 A を修飾するのが基本。意味的には「B を除く A」であり、同類のグループ全体の中から一部を除外することを表し、A と B は名詞が原則だよ。例文を考える意味で「私を除くすべてのメンバーがミーティングに出席していました」を英語にしてごらん。

⊛ 生徒：辞書を使わせてください。Every member except me attended the meeting. もしくは Every member attended the meeting except me. ですか？

⊛ 校長：そう、両方とも OK。ともに except me が Every member を修飾しているんだね。ちなみに、except me の位置だけど、文頭に現れることはないよ。通例、all, any, every, no, whole など「全体」に近いことを表す語句がある

ときは except for でもいいとされているから、Every member attended the meeting, except for me. も可。ただし、Your report is very interesting, except for one thing. 「一つのことを除けば、あなたのレポートはとても面白い」のように、「全体」ではなく、「単一」の物事について述べるときは except for しか使えないという決まりもあるけどね。

（生徒）：いろいろなルールがあるんですね。

（校長）：あまり細かくなりすぎてもいけないから、口調で覚えていくようにしようね。一方、except for は、「～（の存在を）除けば」「～を別にすれば」の意味で、文全体にかかる文修飾副詞として働くよ。

（生徒）：先ほどの except for a few grammatical mistakes 「少しの文法的な間違いを除けば」がそうですね。

（校長）：except for の位置については文頭、文中、文末が可能なんだ。だから Except for a few grammatical mistakes, your report is ～ や Your report, except for a few grammatical mistakes, is ～ とすることもできるよ。では類題といこうか。It is difficult to choose the best one from among so many nice dictionaries. の意味は？

（生徒）：「それほど多くのよい辞書の中から一番よいものを選ぶのは難しい」です。

（校長）：そうだね。このように前置詞が二つ続くものを二重前置詞と言うけど、頻度としては、〈from ＋ 場所・時〉が多いね。場所・時を示す前置詞としては above, among, behind, between, over, under などがあるよ。では「カーテンの後ろから悲しみの叫び声が聞こえました」を英語にしてくれる？

（生徒）：A shout of sorrow came from behind the curtain.

（校長）：OK。マスターしたようだね。ところで、レポートを提出したと言ってたけど、どんなテーマだったの？

（生徒）：オンライン授業のメリット、デメリットについてです。私のレポートについて是非、一度聞いてほしいと思います。

（校長）：喜んで。

Lesson

101 ▶ 前置詞にも
副詞にもなれる語

ここが
ポイント
！

　　on, off, out など、前置詞にも副詞にもなれる語が特定の他動詞と結びつくと、〈turn on + 名詞〉⇄〈turn + 名詞 + on〉と形を変えられます。ただし、名詞ではなく代名詞の場合の語順は〈turn + 代名詞 + on〉だけです。今回は情報の流れからその理由を考えてみます。

🧑‍🎓：自学自習で取り組んでいるオンラインのライティングで「外出するときはコンピューターの電源を切りなさい」の解答例が Turn off the computer when you go out. もしくは Turn the computer off when you go out. となっていました。解説には、turn off ～ 、もしくは turn ～ off で「（電気・ガス・エアコンなど）～を止める、消す」とあったのですが、この off の使い方がよくわからないんです。

🧑‍🏫：off は元々、「分離」を表すから turn off ～ をセットで考えると「～の（つまみを）回して、（スイッチの接触部）から離す」が原義（元の意味）となり、そこから「電源を切る → 消す」になるんだね。

🧑‍🎓：な～るほど。

🧑‍🏫：ネイティブに聞くと、turn off the computer も turn the computer off も同じ意味だという人が多いけど、発音するときは、前者は the computer、後者は off にアクセントを置くのが自然。ちなみに、前者は off の後に目的語があるから前置詞、後者は副詞という分類をしているよ。ここではそのような分類ではなく、情報の流れという点で、両者の違いを考えてみようね。

🧑‍🎓：情報の流れ、面白そうですね。

🧑‍🏫：英語では新情報となる語はできるだけ後ろに回し、強く発音する傾向があるよ。旧情報（相手がすでに知っていること）から新情報（相手がまだ知らないこと）への流れということ。新情報は後にもってきた方が耳に残りやすいということもあるんだろうね。

224

（生徒）：おっしゃる通りだと思います。

（校長）：turn off the computer で言えば、情報の流れの中では the computer という語を後ろに置いて強く発音することによって、新情報となる「コンピューター」に焦点を当てているんだね。一方、turn the computer off は off を後ろに置いて強く発音することによって、the computer が話し手と聞き手の間ですでに了解された旧情報となり、「電源を切る」ことを強調できるという考え方もあるのを紹介しておくよ。ただし、これは turn のような他動詞の場合だけで、jump off a diving board「飛び込み台から飛び降りる」のように自動詞の場合はあてはまらないんだ。自動詞は目的語をとれないからね。このような形はある一定数決まっているから、〈turn off ＋ 名 詞 〉⇄〈 turn ＋ 名詞 ＋ off〉みたいな書き方をして暗記を促しているんだね。

（生徒）：そういうことだったんですね。

（校長）：ところで、the computer を代名詞 it にした場合は turn it off となり、turn off it とすることができないのは知っていた？

（生徒）：聞いたことはありますが、あやふやなままです。

（校長）：it は代名詞で、既に出てきた名詞の代わりとして使われるから、旧情報になるのはわかるかな？

（生徒）：あっ！　それで新情報の off が後ろに回って turn it off にするんですね。

Lesson

102 ▶ 英語独特の表現①

> **ここがポイント！**
>
> 　直訳ではわかりにくい〈catch + ヒト + by the arm〉の意味は「人の腕をつかむ」です。もちろん、暗記しなければなりませんが、今回はこの英語独特の表現の本質に迫ります。

🧑‍🎓 生徒：映画の中でイタズラをして母親を怒らせた男の子が「あっかんべー」をして逃げ出し、それを姉が追いかけて捕まえるシーンがありました。一緒に見ていたネイティブの友達が She caught him by the arm. と言ったのですが、私には思いつかないような表現だったので、一瞬、？？？となりました。She caught his arm. ではいけないのですか？

🧑‍🏫 校長：友達に聞いてみた？

🧑‍🎓 生徒：英語独特の表現だから catch a person by the arm「人の腕をつかむ」で暗記した方が早いよと言っていました。

🧑‍🏫 校長：〈catch + ヒト + by the arm〉という言い方が日本語にストレートに対応しないことが、暗記した方が早いという理由だろうね。確かにそういうところはあるけど、君は物足りない顔つきだね。

🧑‍🎓 生徒：はい。それで校長先生のところに来たのです。

🧑‍🏫 校長：直訳で考えてみようね。<u>catch は元々「動いているものをつかむ」、by は「経過・経由」の意味があるから〈catch + ヒト + by the arm〉で「その腕を経由して（動いている）人をつかまえる」の意味</u>になるよ。

🧑‍🎓 生徒：なるほど。ということは「逃げようとする男の子を追っかけて、その腕をつかんで動きを止める」という感じですか？

🧑‍🏫 校長：そうそう。一方、She caught his arm. は「体の部位」だけに焦点をあてた言い方だから、ニュアンスとしては彼の腕をつかんだだけで、彼が動いたかどうかはっきりしないというのがネイティブの感覚のようだね。

生徒：英語って面白いですね。練習問題をお願いします。

校長：では、電車に乗ろうとして、駅の階段を上るのに四苦八苦しているおばあさんの手を君が引いてあげるシーンを連想して「私は彼女に手を貸しました」を英語にしてくれる？

生徒：焦点は「おばあさん自身」ですから I took her by the hand. だと思います。

校長：その通り。〈take ＋ ヒト ＋ by the hand〉は「人間自身」を焦点化し、「手をとってある場所へ連れて行く」という意味で、人に対する優しさや愛情などの感情的な要素を伴うイメージ。他方、take one's hand は「手そのもの」を焦点化し、感情的な要素を伴わず、単なる行為を表す場合に用いられているようだね。

Lesson

103 ▶ 英語独特の表現②

ここが
ポイント
！

> make one's way という表現は、文脈によって「前進する」「成功する」「出世する」「繁栄する」などの訳語があてられるため、どうしても覚えにくいという印象があります。また、make の他に、feel, force なども使われ、多様な意味を形成するため、one's way のイメージをしっかりおさえなければ定着しません。今回は、make one's way を中心に、「one's way 構文」と言われる〈V + one's way〉について考えます。

生徒：以前は、ネイティブの友人たちと一緒によく映画を見に行ったのですが、最近は、オンラインで映画鑑賞会して感想を英語で伝え合うことにしています。

校長：君以外は皆、ネイティブなの？

生徒：はい。アメリカ、イギリス、インド、中国等々…「グローバル社会」です。

校長：英語の勉強にはうってつけだね。楽しい？

生徒：はい。とっても。早速ですけど、教えていただきたいことがあるんです。

校長：どうぞ。

生徒：動詞の後に one's way をつけた表現に出合うことがよくあるんです。この前も Hayao Miyazaki made his way as a Japanese animator, filmmaker, screenwriter, author, and manga artist. という英語が出てきました。

校長：意味はわかる？

生徒：「宮崎駿氏は日本のアニメーター、映画製作者、脚本家、著者、そして漫画家として…」

校長：make one's way は「自分の道をつくる」、つまり「（苦労しながらも）自分の道を進む」が元々の意味。way は進むべき道を自分の意志と力で切り開いて進んでいく感じで、「方向・経路」を示す表現とも言えるよ。例文で確

認してみようね。An actor made her way to the stage. は？

（生徒）：「一人の俳優が舞台に上がりました」です。

（校長）：そう。では、The movie will make its way to theaters next month. は？

（生徒）：「その映画は来月、劇場公開されるでしょう」です。

（校長）：上手な訳だよ。A boy made his way through the crowd. は？

（生徒）：「一人の少年が人混みの中をかき分けて進みました」くらいですか？

（校長）：慣れてきたみたいだね。英語の「道」は日本語の「道」と同じように、幅広い意味で使われるから訳出にバリエーションが出てくるんだね。形としては、〈V + one's way + 副詞句（主に前置詞 + 名詞）〉が多いよ。Hayao Miyazaki made his way as ～ ならどんな感じかな？

（生徒）：Hayao Miyazaki = a Japanese animator, filmmaker ～ から「宮崎駿＝多才」、つまりプラスイメージの関係が読み取れるから…。あっ、わかった！「宮崎駿氏は～として成功した、名を成した」がいいと思います。

（校長）：ちなみに、make one's way in life [the world] は「出世する」と訳している場合が多いよ。

（生徒）：make の代わりにいろいろな V を使った英文を聞いたことがあるのですが…。

（校長）：例を出してみるからディクテーションしてみようか。いくよ。click one's way「クリックして～に進む」、elbow one's way「肘でかきわけて～に進む → 困難を乗り越えて～に進む」、feel one's way「手探りで～に進む」、fight one's way「戦いながら～に進む」、find one's way「苦労して～に進む、～にたどり着く」、force one's way「力ずくで～に進む」、joke one's way「冗談を言いながら～に進む」、pick one's way「（道を選んで）用心深く～に進む」、push one's way「押し分けて～に進む」、work one's way「働きながら、苦労して～に進む」…どう、書き取れたかな？

（生徒）：はい。ニュアンスもなんとかつかめてきました。

（校長）：ネイティブの感覚を感じ取ってくれれば嬉しいな。この構文は、V と one's way ～ の関係をつかむことが理解への早道だよ。

Lesson

104 ▶ 英語独特の表現③

ここが
ポイント
！

　　　日常会話で使われる英語は、すべてが学校文法で学習する「型」どおりのものばかりではありません。それが「自然言語」というものなのです。中高における英語学習の目的は、人間が意思疎通のために用いる、文化的背景をもった言葉を学び、相互理解を可能にすること。大切なのは、自然な英語をそのまま感じ取り、理にかなった考え方をするということではないでしょうか？

(生徒)：今、高3で大学受験を控えていて、毎日、学校と予備校で忙しくしているのですが、クラスメイトが You have a tight schedule, so it looks like you don't have any breathing room. Don't work too hard.「ハードスケジュールで、息をつく余裕もないように見えるわ。頑張りすぎちゃダメよ」と言ってくれました。

(校長)：ありがたいことだね。君も自分自身で睡眠や食事、リラックスする時間を確保するなど、健康管理をしっかりした上で受験勉強に励むことが大切だよ。

(生徒)：はい。いつもお忙しそうな校長先生も気をつけてくださいね。

(校長)：ありがとう。で、今日は英語の質問かな？

(生徒)：さっきの会話の続きなのですが、言葉をかけてくれたクラスメイトに I know.... I have a lot of things to do.「分かっているけど…やるべきことが多くって」と返答したら、I'll tell you what. Let's go see a movie or something.「映画でも見に行きましょう」と言われました。後の文の意味はすぐに理解できたのですが、I'll tell you what. がよくわからないのです。

(校長)：(I'll) tell you what. は日常会話でよく使われる表現で suggestion「提案」や proposal「申し入れ」などをする時に用いられるもの。「では、こういうのはどう（こうしましょう）」くらいの感じかな。また、文脈によっては何

か本音で言うときの「実を言うと」とか「はっきり言うと」という意味になることもあるよ。

生徒：基本的には、I'll tell you what to do. や I'll tell you what I suggest. もしくは I'll tell you my idea. のことという理解でいいですか？

校長：そうだね。同じようなニュアンスで I know what. と表現されることもあるよ。早速、練習といこうか。友達と二人で食事に行き、食べ終わった後、相手が親切のつもりで伝票を持って立ち上がり、代金をすべて支払おうとしている場面を想定して、「では割り勘でということにしましょう」と英語で言ってみてくれる？

生徒：「割り勘」の提案だから I'll tell you what. として、We'll split the bill between us. でつなげばいいと思います。

校長：うまく使えているじゃないか。ところで、クラスメイトとの会話に戻るけど、映画に誘ってくれた後、どう答えたの？

生徒：Sounds pretty good. I think it will be a good opportunity to refresh. 「とてもよいですね。リフレッシュするよい機会になると思うわ」です。

校長：立派な英語でのコミュニケーションが成立しているね。

Lesson
105 ▶省略

　　英語では、反復される語句や言わなくても相手にわかる語句は「省略」されるのがふつうです。ここでは基礎編と応用編の両方を扱います。

生徒：ライティングの授業で、ネイティブの先生が「勉強に熱心な学生もいれば、そうでない学生もいました」の英訳例を Some students were very eager to study and others not. とし、「もし間違いがあれば、訂正してください」を Correct the errors, if any. とされました。二つの英文に「省略」があるのはわかるのですが、何かルールでもあるのですか？

校長：実際のコミュニケーションでは、すでに出た語句（旧情報）は反復語句となるので、繰り返しを避けるために省略されるのがふつう。最初の文「勉強に熱心な学生もいれば、そうでない学生もいました」の省略された語句を補って作文してごらん。

生徒：Some students were very eager to study and others were not very eager to study. です。

校長：そう。反復される語句は were と very eager to study だね。では、Correct the errors, if any. はどうかな？

生徒：…。

校長：「もし間違いがあれば、訂正してください」。では「～がある」〈There＋VS ～〉を使って英作してごらん。

生徒：Correct the errors, if there are any errors. ですか？

校長：そうだね。

生徒：この前、リーディングで If you devoted half as much time to solving problems as you do to worrying about them, you wouldn't have any worries. と

いう英文があり、do は繰り返しを避ける代動詞とありました。これは、反復される語句は省略されるというのと何か関係があるんですか？

（校長）：よい着眼点だね。頭から意味をとってみようか。〈If + S + devote A to B 〜〉は「もし、S が A を B に捧げれば」だから If you devoted half as much time to solving problems はどうなるかな？

（生徒）：「もし、あなたが時間の半分でも問題解決に捧げれば」です。

（校長）：その次の as you do to worrying about them だけど、do は何を指すかわかる？

（生徒）：devote だと思います。

（校長）：そう。このように前に出た動詞の繰り返しを避けるために使われるのが代動詞 do なんだ。ここでは devoted が仮定法過去、do は直説法だね。その後の省略はわかる？

（生徒）：目的語にあたる time です。

（校長）：そう。では them は何の言い換え？

（生徒）：problems です。

（校長）：If からまとめて意味をとれる？

（生徒）：「もし、問題について悩むのにかける時間の半分でも問題解決にかければ」。

（校長）：うまい、うまい。では you wouldn't have any worries は？

（生徒）：「悩みはなくなるでしょう」です。

（校長）：省略は反復語句が原則。読み進めるうちに文法的に説明できない部分があり、省略と感じたら、動詞の語法や比較表現などを手がかりとして、前にある反復語句を見つけることが大切だよ。

（生徒）：その他、おさえておくべき点はありますか？

（校長）：メディア英語の見出し（headline）では、U.S. to send envoys to Brazil and Argentina.「ブラジル及びアルゼンチンに米特使派遣予定」のように、冠詞、be 動詞、等位接続詞は頻繁に省略されるので、読解では「元の文」である The United States is to send envoys to Brazil and Argentina. を瞬時に復元できるようになりたいものだね。

　英語には、話者が発言者の言葉をそのまま伝える「直接話法」と、話者の立場から発言者の言葉を自分の言葉に置き換えて伝える「間接話法」があります。今回は、小説やエッセイなどでよく使われる登場人物の心情描写とも言える「描出話法」について考えます。

（生徒）：将来、小説家になることが夢のネイティブの友達がいるんですけど、彼女はショートストーリーを書いて、度々、コンクールに応募しているそうです。

（校長）：素晴らしいことだね。夢に向けて努力した分は必ず後で生きてくるからね。

（生徒）：この前、ネイティブの先生の授業で、その友達がショートストーリーをクラスの皆に披露してくれました。There was a knock at the door at midnight. Who could it have been? という書き出しでしたが、すぐに理解できませんでした。

（校長）：どういう意味か聞いてみた？

（生徒）：その友達は、日本に来たばかりで、コミュニケーション手段はほとんど英語なので、私の英語力ではまだ理解できないことが多いのです。ネイティブの先生は、Who could it have been? を psychological description「心理描写」とおっしゃったのですが、その意味がよくわかりません。

（校長）：この技法はよく<u>小説やエッセイで使われていて「描出話法」と呼ばれる</u>ものだね。ネイティブの先生が psychological description「心理描写」と言われたのは、<u>作者が登場人物の心情を第三者的な立場から代弁した言い方になっているからだよ。</u>

（生徒）：ということは「夜中にドアを叩く音がした。彼女は『誰かしら』と思った」くらいの理解でいいのですか？

校長：そう。「誰かしら」と思ったのはこれから出てくる登場人物なんだけど、作者が第三者的な立場から代弁しているんだね。

生徒：なるほど。

校長：「描出話法」というのは「直接話法」と「間接話法」の中間的なもので、<u>小説やエッセイなどで効果的な演出をするために用いられるもの</u>。<u>代名詞や時制、指示語などは間接話法の形をしているけど、疑問文などの語順が直接話法のままになっていたりするのが特徴</u>だよ。

生徒：なんだかレベルが高いけど、英語の小説やエッセイを読む上では必要ですね。現代文で登場人物の心情の変化を読み取る時と同じ感じで扱えばいいのですか？

校長：そうだね。では、The new teacher had a serious talk with a lazy student. Did he know what he wanted to do? を訳せる？　これは新しく来た先生が、ある怠惰な生徒に真剣に語りかけたときの心理描写だよ。

生徒：「新しい先生はある怠惰な生徒と真剣な話をした。『一体、何をしたいと思っているのか』」くらいだと思います。

校長：新しい先生の心理描写を読み取れたようだね。

Lesson

107 ▶縮約って？

　　　実際のコミュニケーションでは、want to を wanna、be going to を be gonna、have to を hafta などと発音します。今回は、英語の音声に焦点をあてた解説を行います。

生徒：ネイティブと英語で話したり、洋画を見たりしていると want to を wanna と短く縮めた言い方をよく耳にします。ふつうなら want to なのにこのように短くするのは方言と考えていいのでしょうか？

校長：標準的な口語として広く使われているよ。このような現象を「縮約」と言うんだ。確かに、want to は wanna と発音され、肯定文、否定文、疑問文ともに使われるけど、wants to, wanted to, have wanted to などのように want の形が変化したときや、〈want ＋ ヒト ＋ to〉などのように want と to の間に語句があるときは縮約されないね。

生徒：でも、なぜ want to が wanna のように発音されるのですか？

校長：n と t は発音する時、舌の位置が同じになり、nt が続くと t が強い音となる n に飲み込まれて消えてしまうんだね（wan-to、want to は t 音が連続しているため、同化して一つの t になるという見方もあります）。そして、to の o「ウー」はアクセントがないため、「あいまい」な「ア」の音（あいまい母音）になり、結果として、wanna と発音されるようになったということなんだ。

生徒：勉強になります。want to を wanna と発音する際のルールのようなものがあるんですか？

校長：まずは〈to ＋ 動詞の原形〜〉が want の O であること。そして、さっき言ったように、want の形が変化したり、want と to の間に語句があったりするときは縮約されないのが通例だけど、その他の例で言えば、そうだな

あ、例えば、Who do you want to help you? などもそう。意味はわかる？

（生徒）：「あなたは誰に手伝ってほしいのですか」です。

（校長）：そう。この場合、「見た目」は want to だけど、〈want ＋ ヒト ＋ to ＋ 動詞の原形 〜〉「ヒトに〜してほしい」の「ヒト」を Who にして文の先頭に動かしたものだね。元の形を I want who [whom] to help me. と考えれば wanna にならない理由がわかるんじゃないかな。

（生徒）：意味上の主語である「ヒト」が Who になって文の頭に出ただけだから、want to のつながりがないことを考えれば納得がいきます。

（校長）：明快な分析だよ。

（生徒）：縮約は〈want to ＋ 動詞の原形 〜（不定詞の名詞的用法）〉のみに起こるけど、文構造をしっかりおさえないといけないことを再確認しました。同時に、文法の大切さも痛感しました。

（校長）：素晴らしい振り返りだね。では応用。ちょっと難しい英文になるけど、Do you think all the brand-name goods you want to be available at this department store? の発音の仕方と意味を言ってくれる？

（生徒）：ここは wanna ではなく、Do you think で切り、さらに、all 〜 want で切って発音しなければならないと思います。意味は「あなたが望むブランド商品はすべてこのデパートで入手できると思いますか」です。

（校長）：その通り。wanna にならない理由を説明できる？

（生徒）：文構造は S が you、V が think、all 〜 want が O、to be 〜 が C で、want は O となる名詞節 all the brand-name goods (O') you (S') want (V') の中で (O') に結びつく他動詞となっています。よって、want to のつながりがないので、want to を wanna とすることができないと考えます。

（校長）：お見事。正確な文構造把握に基づく適切な解答だよ。

　　　単語を覚えるのはなかなかたいへんなことです。これまで英語学の知見を活用して、様々な学習法が考案されてきましたが、今回は語源学習についてです。

（生徒）：この前、英会話学校のネイティブの先生から、語源学習こそ単語を覚えるのに最適って言われたのですが、それってどんな勉強法なんですか？

（校長）：英語の勉強、頑張っているんだね。英単語には接頭辞（Prefix）、語根（Root）、接尾辞（Suffix）があるのを知っている？

（生徒）：接頭辞は聞いたことがあります。この前、授業で a prepaid card が出てきて、「前もって」という意味の接頭辞 pre と、paid「支払われた」が組み合わされて「前もって支払われた → 前払いの」になるって習いました。先生は、pre を「前もって」という意味の接頭辞と知っているだけで、ずいぶん単語量が増えるって言っていました。

（校長）：その通りだよ。単語を最小単位まで分解したときに、単語の意味の中核となるのが語根、その前につくのが接頭辞、後ろにつくのが接尾辞で、それぞれが意味や機能をもっているんだ。語源学習法とは、英単語を分解し、その意味から単語全体の意味をつかんでいくやり方のこと。

（生徒）：面白そうですね。もう少し説明してください。

（校長）：例えば、subway は sub「下に」＋ way「道」＝「下を通っている道 → 地下道、地下鉄」、independent は「否定」を表す接頭辞 in ＋ depend「依存している」＋「状態」を表し形容詞の働きをする ent ＝「依存していない → 独立している」、unemployment は「否定」を表す接頭辞 un ＋ employ「雇用する」＋「状態」を表し名詞の働きをする接尾辞 ment ＝「雇用しない状態 → 失業」、interchangeable は「互いに」という意味の接頭辞 inter ＋

change「チェンジする、変化する」＋「可能」を表す接尾辞 able「できる」
＝「交換できる」といった具合だよ。

（生徒）：す〜っと頭の中に入ってきます。でも接頭辞、語根、接尾辞とか覚える
のがたいへんそうです。

（校長）：語源学習の強みは、未知の単語でも語源から意味を類推することができ
るということ。その意味で、丸暗記とは違い、パズルを解くような面白さが
あり、一度覚えた単語は記憶に定着しやすいという利点があるよ。でも、イ
メージしにくく、難度の高い英単語もあり、意味が 100％類推できるわけで
はないのもまた事実。当然、語源学習では対応できないケースもあることを
お忘れなく。

（生徒）：使い方次第ということですね。

（校長）：そういうこと。高校生レベルの英語が使いこなせれば、語源学習は、
リーディングやリスニングなど、他の活動とうまく組み合わせることで効果
を発揮すると思うよ。

（生徒）：ありがとうございます。うまく使い分けながら自分の勉強に取り込んで
いきます。

Lesson
109 ▶ 直読直解

ここが
ポイント
！

> 英語を外国語として勉強する者にとって、英文を書いてある通りに読み進め、頭の中に入っている情報（メンタルレキシコン：心的辞書）を最大限に活用し、文構造と意味を結びつけながら自然体で内容把握できるスキルを身につけることは、英語リーディング学習の必須テーマです。こうした直読直解は速読にもつながります。

生徒：先週、模試を受けに行ってきたのですが、読解問題の英文の量が多くて時間がなくなり、最後まで読めませんでした。すごく悔しかったです。英語を速く読めるようになるためのコツを教えてください。

校長：まずは模試の受験、ご苦労様。頑張っているんだね。英文量が多くて読む時間が足りなくなったというのはよく聞く話。結論から言うと、英文は書いてある通り、左から右へゆっくり読んでわからなければ、速く読めるようにはならないし、これは文でもパラグラフでも同じだよ。

生徒：ふぅ～ん…。

校長：英語がスラスラ読める人は、英文を書いてある通りに読んでもそのまま理解できる人。いちいち SV を考えてはいないけど、無意識のうちに SV の文構造が把握できていて、その上で、これまで蓄えてきた単語や文脈から類推できる単語などの知識をフル活用して意味をとっているんだね。

生徒：わかります。つまり、ある程度の単語は覚えておいて、英文を見たら意識しなくても SV がスッとわかっていなければダメということですね。

校長：まあ、そういうこと。ところで、The horse raced past the barn fell. の文構造と意味がわかる？

生徒：The horse が S、raced が V、past ... が？？？　fell は fall の過去形…で？？？　「馬が競争して、納屋を通りすぎて…」？？？

校長：これは心理言語学でよく使われる「ガーデンパス文」というもので、過

去分詞と V を見間違えやすい〈S ＋（過去分詞〜）＋ V〉の構造なんだ。こういった文はネイティブスピーカーでさえ最初は The horse raced を SV と感じるのだそう。けれども fell が目に入った瞬間、fell を V と認知し、raced を過去分詞に修正するということを無意識のうちに行い、「納屋を通り抜けて走らされた馬が転んだ」という意味をとっているんだ。

生徒：ネイティブスピーカーがそうなら私たちはどうすればいいんですか？

校長：今は英語ブームで幼稚園や小学生から英語を学ぶ環境が整ってきているけど、大学入試を控えた君たちは、できれば毎日、まとまった量の英文読解問題にあたってほしいな。そして、ありきたりだけど、わかりにくい英文があれば文構造や語法をチェックし、パラグラフの内容をおさえること、間違ったところは、正解へのプロセスを自分の口で説明できるまで復習し、音読を繰り返すことをお勧めするよ。もちろん、新出の重要単語はそれを含む文の使用場面を確認した上で何度も書いて、読んで覚えていくこともお忘れなく。CD を聴いてシャドーイング（音声を聞いた後、即座に復唱すること）をする練習を積むと、相乗効果が期待できるよ。

生徒：そうすると、今までコツコツやってきた勉強法で粘り強くやりなさいということですか？

校長：基本的にはそう。ただある一定量の英文を聴いて、音読を繰り返していると、ある日突然、英語が聴き取れるようになる（これを、臨界点を超えると言います）ことは実証されているので、自分を信じて頑張ってほしいな。

生徒：ありがとうございました。

Lesson
110 ▶ 英字新聞

> ここが
> ポイント
> ！

　　　新聞、雑誌、テレビ、ラジオなど、マスメディアで使われる
英語をメディア英語と言います。特に、新聞に使われる英語と
いうと何か特殊なイメージを抱きがちですが、限られたスペー
スの中で記事を簡潔に記述するために編集者が若干の工夫をし
ているとはいえ、基本的には学校で習う語彙や文法で十分理解
できるはずです。今回は、英字新聞読解にフォーカスします。

生徒：こんにちは。最近、英字新聞を読むようにしているのですが、書き方が
　　　特殊というか、教科書や入試に出てくる英語とは何か違うような気がしてな
　　　りません。何か特別なルールがあるのですか？

校長：つまずきの原因は、見出しの英語が簡略化されていることや略語が多い
　　　ことじゃないかな。記事はポイント（５Ｗ１Ｈ）をおさえ、なるべく簡潔
　　　に、読み手にとってわかりやすく書くことが原則。その意味で、見出しには
　　　工夫が施されているものの、本文の英語は学校で勉強する語彙や文法と同じ
　　　だよ。英語は英語さ。

生徒：もう少し、詳しくお願いします。

校長：英字新聞は、ふつう報道記事と特集記事から構成されていて、割合は
　　　７：３くらいかな。報道記事は、見出し（headline）と本文（body）からな
　　　り、情報価値の高い順に並べられているんだ。本文の第一パラグラフを書き
　　　出し文（lead）と呼び、全体では、見出し → 書き出し文 → 本文と続くんだね。

生徒：見出しには略語があったり、省略があったりでわかりにくいんですが…。

校長：そうだね。見出しでは頻繁に略語や省略を使うから慣れていないとわか
　　　りにくいけど、書き出し文を見れば、学校で習う語彙や文法を使って要点が
　　　まとめられているから理解できるはずだよ。書き出し文の内容が見出しに凝
　　　縮されているんだ。

生徒：そうなんですね。

校長：英字新聞の報道記事は、見出しの1～2行でトピックを示し、書き出し文で見出しを丁寧に説明するんだ。本文は、大学入試の評論文のように、「One Paragraph, One Idea（一つのパラグラフで要点は一つだけ述べられる）」になっているけど、基本的には主題となる書き出し文の具体例や因果関係を補足してくれているんだ。

生徒：では、見出しでわからなくても書き出しを読めば全体がわかるというわけですね。

校長：そうだね。語彙力がつき、慣れてくればだんだん理解できるようになるけど、今のところ、見出しを見て内容が読み取れないなら、書き出しをしっかり読むことを心がけよう。

生徒：わかりました。ありがとうございます。見出しの英語の特徴って何ですか？

校長：興味をもってくれたようだね。代表的なものは次のとおりだよ。

❶ 省略（冠詞の省略、be 動詞の省略、等位接続詞の省略）

❷ 時制の不一致（過去・現在完了が現在、過去完了が過去）

❸ 品詞転換（副詞 → 動詞、名詞 → 形容詞など）

❹ 略語の使用

❺ アポストロフィーやピリオドによる短縮形

❻ 引用文を含む表現

これくらいかな。

　　編集者は、見出しをつくるとき、簡潔（concise）、具体的（concrete）、正確（correct）の3Cを基本に、ゴシック体、イタリック体、写真、グラフ、挿し絵なども駆使して、読者の興味を引くよう配慮してくれるから、それらを利用すると理解の助けになるよ。

生徒：自分なりにやってみます。また来ますのでよろしくお願いします。

この本を読んでいただいた皆様へ（謝意）

　この本に最後までお付き合いいただいた方にはこの場を借りて、厚く御礼申し上げます。個別最適化学習（アダプティブ・ラーニング）を進める上で最も大切なのは、PDCA サイクルを回すこと。テキストを最後まで読めた方は、読むという計画（Plan）を立て、実際、読むという行為（Do）まではできたわけです。次にやっていただきたいことは目次を見て、曖昧な項目（Check）があればもう一度、読み直し、確実に自分の中に落とし込む（Action）復習作業。情報を「短期記憶」にインプットするだけでは不十分です。自分の口で相手に「なるほど！」と思わせるような説明ができて初めて理解できたと言えます。言語はコミュニケーション手段ですから本当に使いこなせるようになるためには PDCA の C と A を繰り返し、「長期記憶」に保存する、つまり、しっかりと頭の中に残した上で練習を重ねることが第一歩なのです。

教育関係者諸氏へ

　教育という舞台には、生徒の数だけドラマがあります。時代がいかに変わろうと平和で豊かな社会を持続させるには、物事の本質を見極める力、人に寄り添って真摯に意見

を汲み取り、最適解を導く力が必要です。産学連携を通じて、我々が一丸となり、「授業が変われば生徒も変わる！」をテーマに、生徒個々の学力と人間力を高め、社会に貢献できる"人創り"に邁進していこうではありませんか。

大学入試を控えている高校生諸君へ

　大学入学は実社会への扉とも言えます。高校時代に受験勉強に充てた時間は人生の中では一瞬にすぎませんが、かけがえのないものになるはずです。受験とは、生きる目的は何かということに真剣に向き合い、夢や志を育む絶好の機会。"なりたい自分"になるために頑張り続けた経験は、これから始まる本物の研究のスタートライン、そして、将来、自分が活躍できる舞台につながるのです。人生100年時代。高校生諸君には、複眼的視点で物事を捉え、解は一つではないことに気づき、また、背景にあるものは何か、自分の頭で読み解く力を鍛えることによって、自ら人生を切り開くたくましさを身につけてほしいと思います。

京都−神戸を往復する日々の中で

著者

参考文献

- Greenbaum, S. and R. Quirk (1990) *A Student's Grammar of the English Language.* London: Longman.

- Heaton, J.B. and N.D.Turton (2004) *Longman Dictionary of Common Errors (NEW EDITION).* London: Longman

- Hornby, A.S. (1995) *Oxford Advanced Learner's Dictionary of Current English (5th Edition).* Oxford: Oxford Univ. Press

- Huddleston, R. and G.K. Pullum (2002) *The Cambridge Grammar of the English Language.* Cambridge: Cambridge Univ. Press.

- Leech, G. et al. (1989) *An A-Z of English Grammar and Usage.* London: Edward Arnold

- Leech, G. and J. Svartvik (1994) *A Communicative Grammar of English (Second Edition).* London: Longman

- Murphy, R. (1994) *English Grammar in Use (Second Edition).* Cambridge: Cambridge Univ. Press

- Quirk, R. et al. (1985) *A Comprehensive Grammar of the English Language.* London: Longman.

- Sinclair, J. (ed) (1990) *Collins Cobuild English Grammar.* London: HarperCollins Publishers

- Swan, M. (1995) *Practical English Usage (Second Edition).* Oxford: Oxford Univ. Press.

- 荒木一雄（編）(1986)『英語正誤辞典』東京：研究社

- 同（編）(1996)『現代英語正誤辞典』東京：研究社

- 同他（編）(1992)『現代英文法辞典』東京：三省堂

- 井上永幸他（編）(2019)『ウィズダム英和辞典 第4版』東京：三省堂

- 江川泰一郎 (1991)『英文法解説－改訂三版－』東京：金子書房

- 宮川幸久他 (1988)『徹底例解ロイヤル英文法』東京：旺文社

- 安井稔 (1996)『英文法総覧－改訂版－』東京：開拓社

- 吉田正治 (1995)『英語教師のための英文法』東京：研究社

- 綿貫陽他 (1994)『教師のためのロイヤル英文法』東京：旺文社

著者紹介

平井正朗

現在、神戸山手女子中学校高等学校校長、関西国際大学客員教授、大阪市教育委員、国際教育学会理事。全国英語教育研究団体連合会理事（近畿地区）、日本私学教育研究所外国語（英語）教育改革特別委員等を歴任。英語教育や私立中高の学校経営に精通する。特に、カリキュラム・マネジメントを中心とした大胆かつ多角的な学校改革が高い評価を得ており、大学では「学校経営論」を教える。ホームページでは「校長ブログ」をほぼ毎日更新し、生徒・教育関係者から人気を博している。

英文法嫌いの生徒がみるみる変わる！

平井校長の英語の仕組み探究講座

2021 年 4 月 10 日 第 1 刷発行

著　者 ……平井正朗
発行者 ……株式会社 三省堂　代表者　瀧本多加志
印刷者 ……三省堂印刷株式会社
発行所 ……株式会社 三省堂

〒 101-8371
東京都千代田区神田三崎町二丁目 22 番 14 号
電話　編集 (03)3230-9411
　　　営業 (03)3230-9412
　　　https://www.sanseido.co.jp/

©HIRAI Masaaki 2021
Printed in Japan
落丁本・乱丁本はお取り替えいたします。
〈英語の仕組み探究講座・248pp.〉
ISBN978-4-385-36144-4

デザイン：志岐デザイン事務所
イラスト：角一葉
英文校閲：Freya Martin
編集協力：久松紀子　松浦悦子